어떤 비행飛行

국립중앙도서관 출판예정도서목록(CIP)

어떤 비행(飛行) : 애지문학회편 / 지은이: 전명옥 외. --
대전 : 지혜 : 애지, 2018
p. ; cm. -- (지혜사랑 ; 187)

ISBN 979-11-5728-272-2 03810 : ₩9000

한국 현대시[韓國現代詩]

811.7-KDC6
895.715-DDC23 CIP2018010839

지혜사랑 187

어떤 비행飛行

전명옥 외

지혜

『어떤 비행飛行』을 펴내면서

우리는 지금 이 순간 '시의 계엄령(사상의 계엄령)'을 선포하고자 한다. 끊임없이 움직이지 않으면 모든 원정대원들이 얼어 죽듯이, 우리 한국인들은 시를 읽고, 시를 쓰지 않으면 시적(사상적)으로 굶어죽게 되어 있다.

지금부터 세계적인 명시(고전)를 읽고 시를 쓰지 않는 자는 재판절차없이 총살하고자 한다.

오오, 지혜사랑이여!

오오, 만물이 소생하는 지혜사랑의 봄날이여!

올해도 어김없이 길고 긴 동면의 시간을 지나, 애지문학회 열두 번째 사화집을 펴낸다.

2018년 봄날에

차례

유계자

이현채

이희은

임덕기

정동재

조성례

조영심

• 일러두기
한 연이 첫 번째 행에서 시작될 때는 > 로 표시합니다.

애지문학회

강우현, 곽성숙, 권혁재, 김　늘, 김명이

김연종, 김정원, 김지요, 김혁분, 남상진

류　현, 문순영, 박수화, 박은주, 백소연

송미선, 안영민, 오현정, 유계자, 이현채

이희은, 임덕기, 정동재, 조성례, 조영심

조옥엽, 전명옥, 최혜옥, 탁경자, 현상연

우수 무렵 외 2편

강우현

이월의 매화나무 속엔 까막딱따구리가 산다
한잠 자고 나서
햇볕 한 모금 먹고 싶어
침 넘기는 소리 꿀꺽 난다
이제 꿈 이야기 같은 잡담은 금지
목표지점에 점을 찍고 긴 주둥이로 조준해
뚫기 시작한다
고개를 바짝 쳐들고
어둠도 바람도 안 무섭다고
딱딱 따그르르 따그르르
환한 고지를 향해 쪼는 소리
요란요란 어지럽다
어디선가 별의 금장식 어깨띠 철컥 매는 소리
꽃눈이 탱탱해진다

어느 가장

밤 10시 28분이네
지하철 의자에 피곤이 먼지처럼 묻은 남자가
뚝딱 졸고 있네
봄비가 내리니 졸음 속에도 내리겠네
그 비에 파란 내일이 함박처럼 돋고
낮에 앓던 몸살은 수그러들겠네
잠깐의 허기진 잠이
간간하게 말아 논 멸치국수 같네
저 어깨를 흔들어 깨울 그녀,
자정이 넘도록 잠들지 않을 것이네
마당은 축축히 젖고 아이들은 꿈결에 키를 늘리며
바비아나*를 활짝 피울 것이네
다북다북 푸른 나무처럼 사는 동네는
아직 먼 모양
내가 먼저 내려야겠네

* 붓꽃과의 구근초. 잎은 선 모양이고 흰 털이 있다. 3~4월에 보라색 이나 홍색 또는 흰 꽃이 이삭 모양으로 달린다. 남아프리카가 원산지다. 꽃말은 단란한 가족.

목련의 말

언제 꺾인 것일까
길 쪽으로 뻗은 목련 가지
껍질인 듯 옹이인 듯
거칠게 아문 자리
괜찮다고 용서했다고 편안하다
산 것들에게 시간은 약이다
붓고 쑤셔서 숨쉬기조차 힘들었을
고통이 키운 성숙이 서른의 여인 같다
봄볕 통통히 물 오른 날
초등학교 선생님이 급훈을 건다
하얀 액자 속에 든 글귀마다
불꽃 같은 가르침이 들었다
꿈은 하늘처럼, 마음은 해처럼, 생각은 별처럼*
비 바람 불어도 활짝 피라는 말
저 환한 글자들을 쳐다보면
가갸거겨 따라 하던 교실로 갈 것만 같다
나이 없이 가슴이 뛴다

* 목포 미항 초등학교 1학년 1반 급훈.

강우현 | 2017년「애지」등단 | 이메일 vkfkdto1018@hanmail.net

박공널의 시옷이 되어 외 2편

곽성숙

나는 선암사 해우소의 맞배지붕
박공널*의 시옷이 되어
정호승 시인이 통곡한 모습을 보았어

와송의 등 굽은 허리에 기대던 그가
어깨를 들썩이다 무릎을 꿇고 곧
소리를 내었지 삶이 통곡을 하는 건
해우소에 앉는 것과 같아 가벼워지는 것이니
난 묵묵히 내려다보는 것으로 그를 위로 했지

시옷이란,
사람과 사람이 서로 기대는 것이기에
그의 어깨를 안고 따라 울면 되지
소리 없이 손길만 주면 되지
가만히 등만 내어줘도 되지
옆에 말없이 서 있어만 줘도
통곡은 빛이 나고 할 일을 다 하는 것,

박공널의 시옷이 되는 것은
내게 기대도록 너에게 곁을 주는 일이야

* 박공지붕의 양쪽 끝 면에 'ㅅ'자 모양으로 붙인 널빤지.

꽃쌈

꽃잎이 꽃술을 감싸고 있을 때
새들이 그 걸 통째로 따먹는 모습을 나는 꽃쌈이라 부른다

참새가 그럴 줄 몰랐어
나는 네가 그리 고운 속을 가진 줄 몰랐어
오십이 넘고서야
새가 꽃을 따먹는 것을 알다니
제 작은 몸속을 꽃 천지로 채우려고
쌈 싸먹듯 앵두꽃을 톡톡 따 먹는다는 걸 알다니

새야,
꽃쌈으로 너는 배를 불리고
꽃보쌈으로 너는 아이를 낳았구나
포르르 포르르
참새 떼들이
앵두 꽃가지를 흔든다

달빛 환한 봄밤에
꽃쌈 먹는 참새야,
욕심껏 모은 꽃향을
부디,
내 방 가득 부려 주어라.

빨래 통의 무지개

세 명만 모여도 10원짜리 민화투를 치는 어머니들
꾼 중에 한 분이 얼마 전 돌아 가셨다
애도의 시간인지 며칠간 휴업 상태에 들다
다시 모인 꾼들이 패를 섞다 말고,
떠나가기 전 무슨 이야기 끝에 웃음보가 터졌는데
그날따라 그녀가 유독 크게 웃고 말아 그만,
아래꼭지가 열리고 말았더란다

홀딱 젖어 바지를 빌려 입고 자리를 떴다는데
북망길에 여벌옷은 챙기셨을까

하루에도 꽃팬티 서너번은 갈아입어야만 한다는 어머니,
벌써 내 일처럼 곁에 와 있어
어느 날은
빨래 통에 일곱 색깔 무지개가 걸린다.

곽성숙 | 전남대 중문과 졸업 | 시인, 시수필가, 동화구연가 | 2014년『애지』로 등단 | 제1회 무등산 공모시 대상 수상 | 시수필집『차꽃, 바람나다』,『차꽃, 바람에 머물다』| 시집『날마다 결혼하는 여자』| 이메일 kss4560@hanmail.net

치앙마이의 달 외 2편

권혁재

내일이 송끄란*인데
파차라판,
올해도 너는 오질 않네
달이 부엌 쪽문으로 드나들며
네가 좋아하는 쏨땀을 만드네
내일이면 송끄란인데
바닥을 닦고 마당을 쓰는
너의 여전한 모습이
골목어귀에 늘어선
검은 나무의 그림자로 서 있네
쏨땀을 만들 때마다
한국이라는 나라에서 들려오는
배고픈 너의 목소리
일 년만 버티다 돌아온다고
안심시킨 너의 말은 이 년을 넘어
다시 새로운 송끄란 해를 맞네
근심이 휑하니 들어앉은 자리에
희미하게 뜬 보름달이
울고 있는 집을 가려주고 있네
달도 우는지 점차 동쪽으로 기울며
어머니처럼 작아지네.

* 송끄란 : 태국 전통 축제.

줌 아웃

객차와 객차 사이의 통로에
널브러진 몇 개의 가방
환절기마다 땀에 절은 옷들이
답답해서 아우성을 치는지
객차가 흔들릴 때마다
덩달아 들썩거린다
낯선 곳에서 더 낯선 곳으로
배달되어가는 택배같이
객차 차가운 계단 끝에
앉아 있는 작은 상자
널브러진 가방 옆에 조용히 앉아
누구의 눈길도 끌지 못한다
시선이 언뜻, 손길에 머물다
재빠르게 얼굴을 돌리는 승객들
눈빛과 눈빛이 마주칠수록
동공에 맺혀오는 선명한 상처
객차가 덜컹거릴 때마다
프레스에 잘리는 철판소리가 나는 듯
빈 손가락들을 바라보는 야다.

나이키처럼

돈이 이리 쉽게
잘 벌릴 줄은 몰랐다
창 맥주의 짧은 유니폼을 입고
따라주었던 맥주만큼이나
늘지 않던 돈이,
한국에 와서야
넘쳐나는 맥주거품처럼
쉽게 벌렸다

손쉽게 맞는 돈벼락에
나이키를 신고
한국 남자들의 시선을 단숨에 뺏으며
태국으로 송금을 하러 가는 길
다음에 살 아식스, 매장을 지나고
아디다스, 매장을 지나
바람들은 한국 오빠들에게
우아한 웃음을 던지는 야다 타지트
걸음걸이가 나이키하다.

권혁재 | 경기도 평택 출생 | 2004년 《서울신문》 신춘문예로 등단 | 시집 『투명 인간』, 『잠의 나이테』, 『아침이 오기 전에』, 『귀족노동자』, 『고흐의 사람들』 등 | 이메일 doctor-khj@hanmail.net

밀고자 외 2편

김 늘

그래서
혁명은 실패했다.
다락방의 촛불 아래서 너울대는 그림자처럼 흔들리던
그 자의 눈동자를 낚아챘어야 했다.
손끝을 깨물어 쓰는 혈서에
장미 꽃물을 묻힌 자를
동지의 죽음 곁에서
현을 뜯는 노래를 얹은 자를
한밤의 비밀을 졸음에 내어 준 그 자를
일찍이 눈 폭풍 속에 내던졌어야 했다.
결기 있는 분노와 삭발을
화려한 문장에 섞어 물에 띄운 자
물결을 따라 흐르다
물에 잠긴 검은 가지에 걸려 갈 길 잊고
하염없이 달빛을 쬐는 자
그렇게 쉽게 온도를 잃어버리는 자를
폭포 아래 자욱한 포말 속으로 내동댕이쳤어야 했다.
어제와 다를 것 없는 오늘에, 어제와는 다른 오늘에,
내일이면 달라질 것에, 내일이 와도 변치 않을 그것에
안달하는 그 자를 유리병에 가뒀어야 했다.
밀고자는 '나'라고 쉽게 발설해 버리는
가벼운 그 입을
그리지 말았어야 했다.

Snow and Smoke

눈이 내리자
제복을 입은 남자는 담배를 입에 문다
굵은 손마디에 떨어지며
티티새 눈망울처럼 녹는 눈
눈썹에 떨어져
연인의 향처럼 스미는 눈
제복을 입은 남자는 담배에 불을 당긴다
목표물을 향해 조준하듯 잠시
숨을 가늠하며
첫 모금의 연기를 삼킨다
익숙한 풍경을 지우며 풍성해지는 눈
제복 입은 남자를 고개 들게 하는 눈
얼굴을 덮어오는 눈에 저항하듯
몸을 가둔 제복에 저항하듯
남자는 증기기관차처럼 연기를 내뿜는다
가물가물 눈 속에 풀어지는 연기
그리운 것을 삼키듯
소리를 지워가는 풍경

해빙기의 환幻

또
록
또
록

고드름에 함께 언 햇살이 녹아내려
눈 오는 밤이면
기다랗게 혀를 내밀어 맛보던
물방울의 여행은 잠시 잊어야 하지
눈표범이 두고 간 정적을 찢으며
해를 삼키던 폭풍은 이제 가라앉았어
기린의 거죽을 쓰고 꿈벅꿈벅
지는 해에 눈썹을 말릴 시간이야
버들 같은 머리를 풀고
허공에 둥둥 떠 노래하는
만년 전 당신
노래에 홀려
살얼음 낀 거울을 들여다보면
마음이 함부로 끌고 다닌 몸이
자라지 않는 마음을 기다리다
저 혼자 늙어버린 몸이
얼음 속에서 녹아내려

붕괴를
조심할
때야
!

김 늘 | 2017년 「애지」로 등단 | 이메일 eskim-1106@daum.net

밥상 외 2편

김명이

시 한 편
일주일이고 한 달이고 계절이 걸리든지
틈틈이 아니라 필사적으로 써야겠다
생각해보니 방구석에 앉아
두 편에 오만 원 원고료 받는 것은
너무나 감사한 일이다.
조상이 꿈에 모시적삼 입고 나타난 날, 딱 한 번
한 편에 십만 원 현찰로 받아본 적 있긴 하지만
꿈같은 언제 적 일이다
더러 원고료대신 책 주문과 선택 유형을 남길 때
계좌번호 썼다가 지운 방황
분량 위로 봇물처럼 쏟아졌다
목구멍은 입 닫는다고 끝나지 않는다
산처럼 끌고 가며
나뭇잎 같은 상자 줍는 노파
킬로에 팔십 원
내 체중의 두 배가 넘어도
팔천 원이라면 끔찍하다
국가가 공짜로 쥐꼬리만큼 잘라주는 연금
받아만 먹는 것도 마땅치 못하겠다
나는 지금 자판글자 명확히 짚고
글씨를 반듯이 쓸 수 있다

아직 물기도 남아 촉촉할 수 있으니
쓰자. 부지런히 써야겠다
숟가락 얹어준 것만으로 황송하다
제대로 써본 적도 없으면서
객기나 부린 것이다

어느 세월에 청탁을 받아본다요
또 누가 죽이나 준다요

손가락 걸고

반올림 통과한 합성피혁 재킷을 입고
비틀어진 가방 A/S 받으러 가서 짝퉁을 확인했어
신에게 껌 딱지만큼 믿음을 구걸하고
유효기간 바랜 깡통으로 만찬을 차릴까요

당신의 실룩거린 비만은 투덜대고
보온성 좋은 메리노 공기스웨터 입고 싶어
착각하지 말아요, 이제 사랑스런 메리가 아니야
30% 할인가가 30% 구매가 되는 매장을 알고 있겠죠
꼬리표는 옷핀으로 뗐다 붙였다 하는 거래도
거기 겨드랑이 바느질을 살펴보아요

그래도 이리와요
믿을 것은 뉴스뿐, 건질 것을 골라볼까요
9시의 K적이나 8시의 J도
별 수 없이 세계는 돌고 돌아
구름의 새장에서 변사체가 떨어지고
안개의 뒷덜미는 번듯한 이름의 외투였다는
당신은 즉시 채널 돌려
뱀독 바른 여자를 감탄할 뿐이라고 하죠

우리가 손목의 시계를 믿는 동안

시간은 우리에게 맞추지 않을 거라고
나는 아픈 새끼손가락 빨다가 물어뜯게 되었어요

입의 귀환

귀 둘, 구부림에 순종하는 붙박이
조금만 당겨도 고막 터지니 연약하기 짝이 없다

입 하나, 부리는 것에 앞서며 활개치고
장미의 요염 사자의 침묵을 가장할 수도 있다
그러다가 앙다물기라도 하면 그 뜻은 마치 공포스럽다

선생은 많이 듣고 적게 말하라 애매한 미소로 훈수하지만
한편 서열을 경계하여 우물거린 권위
입은 무사하기 위해 인재의 뒤편에 있다

그런데 아는가
이보다 사랑스러운 것을 본 적 없다
물고기 입술에 색다른 열대 과일들
설익거나 농익거나 독성을 품고
다각적 전위적 철학과 종합예술을 할 수 있는
귀두구원의 생성 해학까지
이토록 빼어난 요망에도 이르게 한다

화술과 기술의 매머드급
당신을 겨냥한다

김명이 | 2010년『호서문학』으로 등단 | 2016년 대전문화재단 창작지원금 수혜, 2016년 한남문인 젊은작가상 수상, 2017년 세종 나눔문학 도서 선정 | 시집『엄마가 아팠다』,『모자의 그늘』등 |
이메일 bagajistar@hanmail.net

물푸레나무 가벼운 목례처럼 외 2편

김연종

아직 그곳에 살아 있다는 기척으로

조그맣게 일렁이는 햇빛에도
희미하게 떨어지는 빗방울에도
하나도 슬프지 않게 이파리를 흔들어 대는

깊은 산 속 말고
맘만 먹으면 언제든지 오를 수 있는
산행 초입에 오다가다 마주칠 수 있는

동네 어귀 산책길도 괜찮고
근린공원 목책 곁에도 상관없어

이제 봉분은 필요치 않아
표지석 하나 달랑 놓여 있는 평장도 좋지만

싱싱한 그림자는 새들에게 다 내어 주고
푸른 기억의 나무명찰을 달고 있는 영생목

뾰족한 이파리로 꼿꼿이 서있는 소나무보다
사시사철 나무 향기 진득한 잣나무보다
낮은 울타리 명랑한 수종의 활엽수가 제격이야

>

조그만 바람에도 마음껏 휘어질 수 있는
물푸레나무 그 가벼운 목례처럼

슬픈 年代

오래 전

내 몸은 병들었다
홍역 끝에 바람이 들었고 바람 든 허파에 세균이 들었다 스트렙토마이신 주사를 맞으면 입안에 군침이 돌았다 박하사탕 맛이라 상상했다 약골이란 별명이 그림자처럼 따라다녔다 폐병이란 말 보다 백배는 더 듣기 좋았다

얼마 전

조수석에 앉았다
실내 공기는 싸늘했다 허파에 들끓던 가래가 기어이 목구멍까지 올라왔다 창문을 열고 가래침을 뱉었다 싱가포르에서는 태형감이라고 운전석에 앉은 아내가 빈정댔다 폐를 앓았다는 병력은 여전히 비밀로 했다

어제는

새소리를 들었다
한 동안 자취를 감추었던 딱따구리가 관자놀이를 쪼아댔다 그렁거리는 소리만으로는 이명인지 천명인지 구별이 되지 않았다 귀이개로 딱따구리를 몰아내고 솜뭉치로 귀를

틀어막았다

오늘 새벽

책을 보았다

숨결이 바람 될 때를 읽다가 숨길이 갑갑해졌다 서른여섯 젊은 의사의 죽음에서 기시감과 친근감이 동시에 들었다 '행복한 외출이 되기를 그러나 다시는 돌아오지 않기를' 죽음을 앞둔 프리다 칼로의 마지막 일기는 다른 책에서 보았다

오전에

그녀가 왔다

옷을 바꿔 입고 싶다고 했다 둘 만의 비밀이라고 새끼손가락을 걸었다 평생 걸친 누더기를 제발 벗게 해 달라고 부탁했다 무릎을 꿇고 애원하는 구순 노파의 손을 꼭 쥐었다 생의 외피를 바꾸고 싶다는 그녀의 말이 진심으로 다가왔다

저녁에

>

모임에 참석했다

수다보다 고기 맛이 일품이었다 반주도 곁들였다 당뇨로 고생하는 친구가 인슐린 대체요법에 대해 토로했다 죽은 그의 아내도 당뇨 합병증이라 했다 방안에 쉰내가 진동했다 유효기간이 짧은 막걸리에 더 믿음이 갔다

내일도

세월은 변하지 않는다

물에서 막 건져 올린 시체가 누군가에 질질 끌려가고 있다 죽어서도 썩지 못해 처참한 몰골이다 삼년 만에 모습을 드러낸 세월에 물빼기 작업이 진행 중이다 내 몸에서도 서서히 물이 빠져 나가고 있다

우심증

심장이 맨 먼저 자리를 잡았다
심장이 바뀌자 모든 장기가 뒤바뀌었다
거울 속 알몸처럼
순식간에 세상은 신체의 좌표를 바꾸었다
오른손잡이는 어느새 왼손잡이가 되고
우뇌형은 재빨리 좌뇌형으로 탈바꿈 했다
간과 쓸개는 여전히 한 통속으로 붙어 있다
맹장은 좌하복부에 간당간당 매달려 있다
십년 만에 좌우가 바뀌었다고 야단이지만
선천적으로 타고난 모습 그대로이다
나사를 죄고 푸는 것처럼
좌우란 옥죄임과 느슨함의 반복일 뿐이다
좌우가 바뀌자 피의 흐름도 바뀌었다
자세히 보면 좌우만 바뀌었을 뿐 질서 정연하다
내장은 온통 뒤죽박죽 섞여 있지만
입으로 들어간 음식은 반드시 항문으로 배설된다
모든 장기가 좌우를 바꾸어도
입과 항문과 성기는
욕망의 정중앙에 자리 잡고 있다

* 우심증dextrocardia, 右心症 : 심장이 선천적으로 정상과는 반대로 우측에 있는 경우를 말하며 우흉심右胸心이라고도 한다. 위나 간 등의 내장기관이 모두 좌우가 반대로 된 경우가 대부분인데 심장 자체에 형태이상이 있는 경우는 매우 드물다.

김연종 | 2004년 『문학과 경계』로 등단 | 시집 『극락강역』, 『히스테리증 히포크라테스』 | 산문집 『닥터 K를 위한 변주』 등 | 이메일 medirac@hanmail.net

0 외 2편

김정원

예컨대

5,000,000원에
0을 곱하면
0원이고

5,000,000원에
0을 더하면
50,000,000원이다

나는 0

돈 있고
힘이 센
갑질하는 자에게
나를 곱하고

돈 없고
힘 여린
가난한 사람에게
나를 더한다

그믐달

살면서 얼마나 시달렸으면
그렇게 말랐을까
그토록 가벼웠을까

아버지를 산에 묻고 돌아오는
상여꾼들 이야기를
어쩌다 나는 들었을까

심명心銘

고등학교 1학년 때, 나는 담양에서 광주로 유학을 가서 양림동에서 자취를 하고 있었다. 단풍이 비단개구리 떼울음으로 병풍산을 내려오던 어느 토요일 오후. 집에서 하룻밤 자고, 이튿날 동틀 무렵부터 해질녘까지 식구끼리 벼를 벴다. 길고 고단한 일요일 저녁 다시 자취방으로 돌아가야 했다. 우리 마을에서 한참을 걸어가야 한길이 나왔다. 가난한 생활처럼 울퉁불퉁하고 먼지 풀풀 날리는 그 신작로 가에 허름한 오두막 같은 버스 간이정류장이 있었다. 나는 일주일치 생명 양식, 쌀 두 되를 어깨에 메고 막차를 타러 논길을 진땀나게 걷고 있었다. 그때였다. 뒤에서 어머니가 손사래를 치며 달려오고 계셨다. 숨을 헐떡이며 다가오신 어머니는, 초조하게 기다리던 나에게 붉은 라면봉지에 싸서 노끈으로 묶은, 아직도 따뜻한 무언가를 건네주셨다. 그리고서는 아슴찮은 몸짓으로 차 시간에 늦겠다며 어서 가라고 재촉하셨다. 둥근달이 꼭대기를 품은 소나무 아래서 뒤돌아보니, 어느새 초등학생처럼 작아진 어머니는 아직도 그곳에 서서 막내아들 뒷모습을 짠하게 바라보고 계셨다. 열녀비각을 지나 논길이 굽은 언덕배기, 어머니가 보이지 않은 데서 라면봉지를 펼쳐보았다. 구운 갈치 두 토막이었다. 갑자기 비린내가 왜 그렇게 서럽고 시큰하게 코를 찌르던지 왈칵 눈물이 쏟아졌다. 눈앞이 흐려 하늘만 쳐다보다 가까스로 버스에 올라탔다. 고단함이 머리끝까지 꽉 찬, 묵

온 파김치가 된 운전사와 차장과 나, 이렇게 세 사람이 버스를 전세 낸 듯, 버스 안은 썰렁하고 침침했다. 나는 맨 뒷자리에 앉아 차창 밖을 내다보았다. 유령 같은 미루나무 우듬지에 빈 까치집이 점점 작아지면서 고향이 멀어져 갔다.

글을 배우지 못한 어머니는 글로 남겨줄 수 없어서 얼로 비문을 새겨놓고 세상을 떠나셨다. 30년이 지났지만 그 비문은 비바람에 조금도 지워지지 않고 금쪽같이 내 마음에 그대로 남아 있다.

또렷이,

'비릿한 삶을 구워 구수한 향기를 내라.'

김정원 | 전남 담양 출생 | 2006년『애지』로 등단 | 시집『줄탁』,『거룩한 바보』,『환대』,『국수는 내가 살게』| 수주문학상 등 | 한국작가회의 회원 | 이메일 moowi21@hanmail.net

공중을 재단하다 외 2편

김지요

공중을 재단하다

방심한 생활의 틈새로 숨어든다

소리를 죽인다
징검 징검 통점을 피해 걷는 내공
젓가락으로 콩을 집을 때처럼 소소하게 걷는 법을 배운다
누구도 나의 방문을 눈치 채지 못한다
가우디처럼 골몰했으나 건달처럼 걷는다

섬들을 없애는 연륙교처럼
끈적이는 걸음으로 이곳과 저곳을 재단하고 이어간다
지나가던 귀뚜라미나 벌을 가둔다
처음엔 이야기나 나눌 생각이었다
공중으로 내기 시작한 길에 대해서.

소문을 들었다 하늘을 향해 뻗은 그 길엔
빛나는 이슬을 걸어둘 수 있다 한다
바빠지기 시작한다

노련한 스파이더맨이 되려는 순간, 다리는 점점 벌어져 간다

이곳과 저곳이 아득하다

생활에 공중을 들이는 일은
늘 위험하다

주산지를 채집하다

가뭄에 드러난 민낯을 보았다
여기가 바닥은 아니라는 듯, 빗살무늬 근육을 내보이던

色을 담지 못한 호수에서 상상은 무르익었다
사향제비나비의 어떤 전갈을 들을 수 있었다

물이 돌아왔고
파국의 황홀로 치닫고 있는 주산지에 다시 왔다
풍경을 물의 언어로 옮기느라 미세하게 흔들리는 호수
호수의 말을 번역하는 숨죽인 셔터

주왕산 슬하, 민박집은 사각의 틀 안에 나를 구획한다
집을 나와 다시 틀에 박힌 잠을 청한다

천정의 사방연속무늬
사각의 프레임 안에서 움직임을 잃어버린 주산지
사향제비나비 한 마리를 핀으로 꽂아 두고 잠드는 저녁이다

핀에 꽂힌 황금빛 주산지가 자꾸 가렵다

부추 곁에 갔다

숨이 죽었군, 하고 말할 때
숨이 쉬어지지 않는 얼굴로 나를 본다

굳은살이 박이지 않는 체질
순한 몸은 무엇으로 동여매도 흘러내린다
흐물흐물한 상처에는 답이 없다

실패하려고 태어나는 것들
시들어가는 것으로 삶을 증명하는 방법

이제 못쓰게 되었다고 집어 올릴 때
한줌 밖에 안 되는 슬픔이 온몸으로 엉겨 붙는다

버릴 게 더 많아
자폐의 밤을 끄적인 종이를 구길 때
삐져나오는 비명을 틀어막듯

누구나 그렇다고
아픈지도 모른 채 파랗게 멍이 든
다리를 볼 때처럼
부추를 든다

>

다치는 게 두려워
눈물의 형식을 빌리는 것들

이렇게나 질척이는 단호함이라니.

김지요 | 2008년 『애지』로 등단 | 시집 『붉은 꽈리의 방』 | 이메일 young-3023@hanmail.net

포장의 기술 외 2편

김혁분

노루발에 얽힌 루머 한 자락 들춰 본다
뜯었다 박고 박았다 뜯어내는
재봉틀로 박아낼 수 없는 거대한 원단
예단할수록 설마의 밑 기장만 늘었다
이쯤일까 가늠하고 가봉선을 잡으면
펄럭이는 휘장, 눈을 가리며 시침을 뗀다
풀어 헤칠 수 없는 진상의 마지노선
어둔 바늘귀를 찾아 실눈을 뜬다
희미하게나마 조금은 보일까 잡힐까
한 단씩만 잔상을 걷어낸다
접고, 또 접어도 시침조차 할 수 없어
어슴푸레 한 겹 베일을 벗겨내고 있다
손쉽게 재단할 수 없는 이미지
가위질 소리만 썩뚝썩뚝 귀를 베고 있다
조만간, 희망으로 부풀 때쯤
낡은 바지의 허리춤을 불현듯 잡아챈다
교묘히 넘나들며 봉합해 놓은 가위밥

단번에 채워지는 지퍼, 앙다문 이빨이 견고하다

촛농이 떨어지다

중심이 무너졌다 고추 하나 얻지 못해, 돌떡을 나눠 먹지 않은 첫 생일부터 걸음이 꼬였다 넘어지고 일어서길 반복하면서 깨진 무릎으로 견뎌왔다 귀 빠진 날 미역국이 대수냐는 당신 다급한 손짓에 발목이 삐걱이기 시작했다 케이크에 들이댄 칼 느닷없는 눈물처럼 촛농이 떨어졌다 틀어진 발등에서 비명이 들렸다 눈만 믿어온 소소한 관습에 접질렸다 반깁스로 감싼 발 방안을 휘적일 기껏에 사로 잡혔다 선물인 듯 멋진 목발이 쥐어졌다 세상을 활보할 두 발을 덤으로 얻었다

균형 잡힌 상처를 휘감으며 들리는 생일 축하곡
내 급소를 두드린다 *

* "내 급소를 두드린다" 박민혁, 「대자연과 세계적인 슬픔」에서.

단추

첫걸음을 채우려 열쇠를 꺼내들었다 딱 들어맞는 요철凹凸 문을 사이에 두고 안과 밖을 구획할 늦가을 그의 눈알이 붉다

늘여놓은 줄에 걸려 밖은 넘볼 수 없는 미궁이다
습관처럼 들락거리는 그의 발소리

빈자리 바싹 당겨 앉은 곳이 구멍이다 널려 있는 덫 빠져나갈 궁리에 골몰했다 기회를 엿보며 틈마다 손가락을 디밀어 본다

뎅강 잘라버리면 끝날 것 같던 발버둥이 다시 시작되었다
구멍은 생에 공존하는 어둠이거나 빛의 허방에 기생하는 저주

채웠다 풀었다 질긴 욕설을 삼켰다 뱉었다 긴긴밤 못을 박았다 뺐다 손발을 맞춰 본다 사생결단 너에게 목을 맨다

김혁분 | 충남 보령 출생 | 2007년『애지』로 등단 | 이메일 kimhb1212@hanmail.net

먼지처럼 외 2편

남상진

돌출된 평면을 찾아가는 밤

당신이 있던 자리와
내가 떠나온 자리가 닮아 간다

당신과 나의 경계는 표면적이다

날개 없는 짐승이 도달한 수평처럼

더 깊어지지 않을 당신과
이제는
내가 아닌 것들이
걸음을 묻는 저 수평

나는 이제
둥근 절벽에서 추락을 꿈꾼다
눈매가 깊어지는 새벽달처럼

그대,

이제 더이상
무거워지지 않기를,

목발

목발 하나 장만 하소
유리조각에 발바닥 찔린 밤
달의 그림자로 일어서던 목발
오른 팔 떨어져 나간 정이품송
옆구리 받치고 선 목발
복숭아뼈 젖어드는 법주사
새벽안개 발목에 파묻힌 목발
속리산자락 연밭에 꽃대궁 가녀린 목발
휴일의 시골,
홀로 문을 연 보은 한양병원 같은 목발
바싹 마른 의사양반 가지런한 핀셋 같은 목발
깨금발로 따라 걷던 딱 하나 있는 형같이
울컥하던 목발
올해는
그 목발 같은 형 하나 장만 해야겠다

탈피

나는 몇 개의 방을 지니고 살아요
햇살이 스며들지 않는 방에 사는 당신은
무척추동물처럼 허리를 반쯤 들어 잠을 자고 있네요
자고 나면 위대해지는 당신은 둥근 집에 살죠
한껏 웅크려 우주의 내장을 비워내는 데는 둥근 방만 한 것이 없죠
내장을 비워야 비로소 투명해지는 몸뚱어리
그 안에 앉아 주문을 외울 거예요
내 몸에 맞는 크기의 날개를 주소서
그리고 그만큼만 날게 하소서
잠자리 몸에 독수리 날개는 어울리지 않아요
욕심내지 말아요 당신,
날개를 달고 나면
쓰다 남은 방안의 집기들을 물에 불려
실을 뽑아 낼 거예요
한 올 한 올 눈부시게 반짝이는
영롱한 전생을 기억 하나요
오래 웅크려
투명하게 속을 비운 자만이 달 수 있는 날개

가벼워진 몸뚱이가 창 밖 하늘을 대각으로 건너고 있네요

남상진 | 경남대학교 졸업 | 2014년 『애지』로 등단 | 시집 『현관문은 블랙홀이다』 | 시산맥 회원, 영남시 동인 | 이메일 depag@hanmail.net

처럼 외 2편

류 현

나를 끌고 가는 보이지 않는
그 무엇이 있다

나는 있는 것일까 없는 것일까
없는 것 같으면서도 있기도 한
나를 잃어버리고 살아가는 것 같다

처럼은 주변을 맴돌고 맴도는
나그네이지
명사도 대명사도 아닌 부사격 조사이니

나는 어머니 자궁을 열고나올 때
이 단어의 올무에 걸려
퍼덕거림의 삶을 이어가고 있다

누구처럼 되라, 되지 마라
누구처럼 살라, 살지 마라
　～처럼
　　～처럼
　　　～처럼
처럼이 나我이고 싶은데
나를 아니게 하기도 하지

>

처럼의 삶속에서 헤어나지 못하고
올무에 걸려 굴렁쇠와 같이 뒹굴고 뒹굴며
살아가고 있는 것

아득한 지평선……!

가고 또 간다

봄날이 가고
세월이 간다.
개울물이 강물을 향해 흘러간다

태양과 우주가 돌고 돌아
어딘지 모르지만 흘러가고 있지

나도
끝없이 흘러간다.
멈추면 모든 것이 끝

사랑이 왔다가 가고
너와 내가 만났다가 떠나간다

가고
　가고, 또
　　간다.
어제 오늘 내일도 끝없이

끝이 보일 것 같으면서 보이지 않고
가던 길을 문득 멈추게 되기도 하지만

>

그럴 때는 또,
새로운 길을 가게 되기도 하지

여명黎明의 기운이 있는 한
가야 한다

시인 예찬

시인은 하느님의 능력을 가진
또 하나의 하느님이다

구약성서 창세기에서 천지창조는
도깨비 방망이가 요술을 부리듯
하느님의 말씀에 따라 쉽게 완성되었다

천지창조가 그렇게 쉬웠다면
태초에 하느님이
수고를 하지 않아도 되었을 것을

한 사람 건너 시인인 세상
그러니 하느님은 쉽게 만날 수 있지
창조물도 쉽게 만나고 볼 수도 있고

태풍이 휘몰아 쳐서 천둥벼락을 치게 하고
눈비를 내리게 하여
나뭇잎들과 꽃이 피고 지게도 하지

소리와 냄새를 만들어 날려 보내고
빛도 만들고 천지만물을 생성하여
삶과 죽음도

자유자재로 할 수 있지 않는가

가히 시인들은
하느님과 같은 능력을 가지고 태어났으니
경이로운 마음에 나도 모르게

성호가 그어진다

류 현 | 2015년『애지』로 등단 | 시집『봄의 왈츠』| 현재 유리안 국제특허법률사무소 대표 | 이메일 poethryu@naver.com

감나무 외 2편

문순영

꽃을 피우면서부터 떫어지는 뒷면들
펄럭임을 시작으로
잔소리로 매달린 무수한 잎사귀들
서로의 난간을 받쳐주던 계절을 통과하여
바닥으로 떨어져 뒹굴다 잠들어버린
철 없는 열매부터
살았다 한 표정으로 한 발 뒤로 물러선 채
또한 뒤란에 심겨진 근원까지
뒤축들이 지나가다 떨궈진 속성들을 잘못 디딘 구두
미끄러지기부터
다시 물 들게 하는 검은 얼룩무늬까지

떫게 맺혀졌으나
오래 가는 무늬
오래 가는 흔적들을

깊고 높아진 노을이 배후였나
둥글게 익어
익어가는 生들이 그윽할 때

냄새를 감추려는 행위의 따위들이

냉장고에 넣어두면 탈취가 된다는 떡갈나무
잎사귀들 무릎이 꺾이도록 쌓여가는
저질러버리는 날들에서,

냉장고 속에는 자꾸만 냄새를 피우며 음식들이 쌓여간다네
한 계절 질러서 저장된 것도 있고
앞으로 들어갈 음식통도 보인다네
그렇듯 많은 양들을 먹어 치우며
거드름을 피우듯 냄새를 피우고 지나가는 시간의
옆으로 여자는 떡갈나무 잎을 따서
눈에 잘 띄지 않는 냉장고 귀퉁이에 집어넣네
냄새를 감추려고
떡갈나무 잎은 과연 냄새를 스스로 먹어치우는 것인지
잎사귀 뒤쪽으로 칸칸이 비밀통로가 있는 건지
무지랭이 여자는 그것도 모르면서
살았다는 갈피마다 냄새를 감춰둔
구석들을 들추어서
햇살에 따끔따끔 말려야 할 것 같은 시월 오후,

그가 지금 오는 중이라는 전화벨 소리에 화들짝
쌓인 냄새를 감추려고
곳이란 곳들마다 인공스프레이 향을 뿌리는

감쪽 같은 또한 행위의 따위들이 계속될 때,
불 댕기면 솟구치듯 저항이듯 떡갈나무 잎사귀들
타오를 기세처럼 냉장고 귀퉁이에 터를 잡고

어처구니를 돌리다

어처구니를 돌리네
두부가 다시 콩으로 돌아간다면
어처구니 없는 일

잇몸이 무너진 당신에게 두부를 대접하네
아픈 이빨 사이로, 사이에 낀 통증의 관계로 돌아가지 않기를
고전처럼 명징한 두부를 먹으면서
통과의례를 치르네

맷돌의 손잡이인 어처구니를 돌리면
당신의 약손으로 통증을 쓸어내리듯
길들이 흘러내려
통속을 거부하는 형상처럼
흘러가는 한 마당의 질펀한 가락처럼
혹은 젖어도 좋을 따뜻한 뒤태처럼

돌린 후에
불을 디딘 솥단지 속
젓는 방향을 따라 거품은 끓어오르다
서로의 생애를 닮아가며 엉킨 것들
한 방향으로 뭉쳐지는 결속은 마땅한 징후일까

응고제를 넣어보네
시간을 저어 얼룩을 통과하다
콩이 세상의 깍지를 벗어버린,
부드럽고 하얀 각들

어처구니 없는 하늘도, 가슴도, 소문도, 사연들도
당신의 지점에서 어처구니 없지 않기를
어처구니를 깎아 택배로 보냅니다

문순영 | 1991년『문학공간』으로 등단 | 시집『사려 깊은 얼룩』(문학의 전당 2013년),『굴뚝이 푸른 당신의 방』등 | 동인지 다수 | 이메일 msy181@hanmail.net

야스나야 폴랴나를 떠나올 때 외 2편

박수화

한낮 자작나무 숲으로 소낙비가 쏟아졌지
점심으로 러시안 스프, 연어가 씹히는 파이, 샌드위치
도톰도톰 연어 스테이크를 사람들이 고르는 사이
아담한 레스토랑 길 건너 여름날 대지는
흠뻑 빗물을 빨아들여 타는 목을 축였다

톨스토이, 노년의 목마름으로 신을 갈망했든가
아니면 혼연일체 그가 신이였든가
그가 살던 집에서 듣는다, 작가의 한 생애,
집안 내력들을 비우고 비워 집을 가족들을 떠나갔지만,
영지를 훨훨 나는 한 마리 새가 되어
역 부근 작은 여객에서 병들고 자유의 날개마저
움츠린 채 그가 일생을 마쳤다 하니

톨스토이 영지, 드넓은 들판 야스나야 폴랴나를
떠나올 때 미처 그가 못다 흘린 내면의
자작나무 수액이여, 수염 하얀 거목의 눈물로
폭우가 쏟아졌든 게지 우리 발목을 꽉 붙잡아두고
'안나카레리나'를 집필하던 숲속 창가 오밀조밀
작가의 방, 그림 책상 책꽂이 책들로 꽉 채운 서재,
애절한 영지 저택은 연가로 사로잡힌 게지

>

종아리 쭉쭉 뻗어나 자작나무 숲 그늘이
아기자기 하늘구름 떼 물구나무 수목들 그의 품속마냥
품어 안고 아늑아늑 호수여, 물방울 아롱아롱 레스토랑
작은 창유리에 수묵담채 주마등 번져난다,
야스나야 폴랴나를 떠나올 때
갑자기 주룩주룩 소낙비가 쏟아졌지

개화

1

모시나비 한 마리 팔랑팔랑 날아든다
쟈스민 나무 위로 소복소복 순은보다도 하얀
꽃들이 축포를 터트리며 반겨준다
물줄기 파노라마 뿜어대는 여름궁전 음악분수대
마당가로 만개한 우유빛 꽃들이 일제히
저마다 몸의 은유로 나비 날개짓을 사로잡는다

모감지 시드는 꽃들, 나무 정수리 벙싯벙싯 꽃들도
허리춤 아래 낮게 엎드린 꽃들도 동방서방
꽃들 모두 그 꽃의 생리는 하나인가
독기품은 말로 다치고 돌아서다 돌길에 발가락 채인다
발끝 걸려 무수히 넘어지기를, 뒤뚱뒤뚱 언어의
무릎이 깨지고 상처에 소금뿌리기 살갗 덧나 쓰라리기를,
꽃 진 자리 다시 한 송이 순백의 꽃으로 피어나기를

2

닫혔던 마음의 숨통이 열린다
사람을 향하여 세상을 향하여 반짝반짝 붉은
석류 하나가 툭툭 안으로부터 차올라, 두꺼운
제 껍질이 익어 터지기 시작하는 한 순간,

>

여름밤 네바강 도개교가 굵은 아킬레스건이
상트페테르부르크 밤하늘을 향하여 쩍쩍
충만의 균열로 갈라지고 있다 두 줄기 기쁨의
불꽃을 내뿜는다, 동강난 두 다리를 번쩍 불야성 고도,
밤하늘 위로 마침내 환호성으로 밀어올리고 있다

작가의 해가 솟아오른다

동 트기 전 산 능선이 숲을 품어 안고
구불구불 흐르는 강물 같은
맑은 산새소리 서로 화답한다
고도의 새벽은 은은하게 밝아오는 종소리,
한지등 불빛으로 희뿌윰하다
내달리는 자동차소리 쏴쏴 모두 파도소리다

산등성이 야금야금 밝아오는 새벽빛,
어머니 무명저고리 빛깔이다
둥실둥실 어머니 어깨춤 저고리 능선이다
저 산등성이 위로 눈부신 해가 순수의
얼굴로 고도의 하늘로 솟아오른다

불멸의 모국어 한글 혼, 세계의 글밭으로
치유의 말 배려의 몸짓으로 사랑과 용서를
끌어안은 아버지 얼굴로 해가 솟아오른다
천년고도 경주의 산세, 막 세수한
작가의 새벽하늘을 열고 성광처럼
평화의 해가 솟아오른다

박수화 | 2004년 《평화신문》 신춘문예로 등단 | 시집 『새에게 길을 묻다』, 『물방울의 여행』, 『체리 나무가 있는 풍경』 | 이메일 star2560@naver.com

가벼운 도시 외 2편

박은주

매뉴얼을 구했어 주머니에 넣고 다녀도 눈치 못 챌 두께
혀는 금고에 넣고 벽 속에 감추라는군 살아남는 요령이라며

떠오르는 대로 내뱉고 이름도 밝히지 않는 문장의 속내
공기입자보다 느슨한 웅변으로 도로가 울렁거리지
충고는 듣지 않아 아지랑이 속에도 말이 날아다니거든

계단을 헛디딘 행인에 대해 대여섯 개 가설이 물결을 타고 있어 창의성 넘치는 소문의 위대함
모르는 걸 모른다 해도 코웃음 치지 속을 보인 적 없으니 믿지 않는 버릇이 생겼어

매뉴얼은 지루한 설명을 한 단어로 끝내
적당히
하지만 도시는 잔인하지
매뉴얼에 없는 일만 일어나거든

크로마토그래피

이름의 성분을 추출합니다
몸 안에 시약을 밀어넣습니다
스포이트는 한 방울씩 지시약을 뱉고
이름에 섞여있던 물질이
종이기둥을 타고 올라옵니다

– 문자를 해독하던 몽당연필
노랑에서 분홍으로 경계가 검출됩니다
– 부어오른 얼굴로 엄마를 기다리던 인형
소맷자락을 타고 오렌지 빛이 번집니다
– 휘파람 불며 기울어지는 낡은 신발
빨강을 거쳐 보라색이 올라옵니다

이유 없이 세상에 던져져
이름에 매여 끌려 다니는 몸
알코올램프에 던져도 이름은 분리되지 않고
얼굴은 거울 뒷면으로 숨어버립니다

비커 속 투명한 액체 앞에서
이름이 신발을 벗고
나를 돌아봅니다

투명인간 바이러스

깜빡
잊히는 건 투명인간이 되는 법
바이러스가 퍼지기 시작한다
살갗이 투명해지더니
젖은 채 두리번거리는 눈동자만 남고
심장은 비와 함께 자갈 틈으로 사라진다
백신도 치료약도 없는 치명적인 바이러스

날 부르는 소리는 없고
태어나기 전처럼 비어있는 자리
내게 돌멩이라도 던져준다면
사진 속에는 남을지 모르는데

몸을 잃은 그림자들이 강둑길 나무 아래 웅성거린다

투명하게 사는 법을 배워
널 아는 사람을 찾는다 해도
언젠가는 투명해질 테니

박은주 | 충남 당진 출생 | 2016년『애지』로 등단 | 한남대학교 사회문화행정복지대학원 문예창작학과 (석사) | 이메일 ending_2001@naver.com

눈에 대한 기록서 외 2편

백소연

입구는 반드시 출구를 좇는다

모든 뒤통수는 눈이다
가늠과 가름 사이에서
지시와 방어를 목격한다

감각은 잠자리의 눈인가 길의 온도를 측량하는
시선, 냉기와 온기 갈래에서 그것의 거리는
때때로 오묘하고 지극히 무모하다
절대영역은 피차 보이나 보이지 않는 족적으로 읽혔을 것이므로
불가능이란 애초 흔들림이 몰고 온 불신의 휘장 아니었을까

눈과 눈 사이 경계는 경계를 불러와 매양
감동 없는 눈동자 속 질문 반대편으로 이동하기 마련이다
한 손에 사과나무 가지를 들고
또 다른 손에 전차와 물레바퀴를 든 네메시스처럼
너는 나를 보는가 읽는가 읽히는가

나는 흰 것을 희다 했고 선글라스를 낀 그녀는 검붉다 가름한다

사람들은 누구의 잘못이 아니나 누구의 잘못이라고 도록圖錄한다
어제는 그녀의 짧은 치마가 사건의 동굴 속으로 사라졌고
근거 없는 논리와 참혹한 시스루는 보이나 보이지 않은 내면이었으므로
누구도 벌거숭이 임금님 때문이라고 답하지 않았다 하면,
붉고 푸른 조명등 아래 서성이는 그녀는 왜 미스테리 가로등일까

본다와 보았다 조종거리는 흔들리기 마련이므로
있는 것은 애초 있었음에 대해 각각 달리 이름 하였을 뿐
내 귀에 촉, 아니 보아도 들려 모든 시사 이편에서 저편으로
나는 나의 또 다른 나를 직감하지 않을 수 없다

오늘도 뒤통수 가득 렌즈 큰 눈 덜컹거린다
봉합한 항아리처럼 때로 있으나 없고 없으나 있는
구겨진 화폐에 끌려 들어온 이웃한 길,
화살은 모두의 각이요 누구 몫도 아니었으므로
모든 촉은 에돌아 꽂히는 과녁이다

희 미용실

1.
당신은 예스맨인가요?
아닌 것을 아니라고 말할 수 없어
긴 머리보다 숏 보브 스타일 더 더 어울린다고
귀 밑을 바싹 치켜 올린 것인데
오오, 저주 받은 사원? 차라리 와인색 머리망은 어때요?
시간이 미끄러졌군요. 몇 번인가 피도 났구요.

제발, 생떼 쓰지 마세요. 거울 좀 보시라니까요.
당신은 왜 허락도 없이 귀와 길 사이를 잘라 먹은 거죠?
지친 길은 산 자들을 위한 노래죠.
하면, 처진 어깨는 날개 접힌 파랑새일까요?

그녀는 애초 가위손 대신
앞마당 가득 사과나무를 심고 싶었을 뿐이라고
볼우물 깊은 노랑머리 마주보며 꺽 꺼억 웃다 울었죠.
울음 닦은 손 돌연 고급 정품처럼 빛날 때
무사히 강을 건넜을까, 싶은 날

탐욕스런 거울 먹어치우던 중화된 비명 흘러나와요.
보는 내내 어지러웠죠.
늘 길들여진 길은 당신을 잃게 했나요? 그녀 물음표

눈에서 멀어질 때 천천히 사막은 몰려왔죠.
한때 도강한 지리부도 속 난지도
부러진 기억을 당신은 짓밟고 말았군요?
노랑머리는 젖은 머리카락으로 외쳤어요.

2.
너무 길지도 짧지도 않게
'적당히' 엮어주면 안될까요?
오호, 두려워말아요. 당신의 잃었던 길을 찾아줄게요.
그녀가 한 움큼 투욱, 바스라진 생의 자락을 잘랐죠.

일순 횡경막 뚫고 나온 비음처럼 빛바랜 부위
찰칵찰칵 내려앉았네요.

이봐요! 더는 지구 뒤흔들 암모니아수 떨어트리진 말아요.
노랑머리님! 정체불명 물결에 시달렸던 건
당신 그림자 아닐까요?
아뇨, 기억을 코팅한 것은 당신이죠.
머리칼을 늪으로 몰고 간 건 순전히 당신 의지잖아요.
생사 지분 왕창 잘려나갈 때까지
제발 뿌리는 긁지 마세요!

>

밤새 길 가르는 가위 손 다듬어
삭막한 머리 위에 관이 높은 캬라멜 톤 코팅
어때요?

우훗, 클레오파트라 된 당신 거울 좀 들여다봐요.
인생은 창고 대 방출 샘플이 아니잖아요.
아메리칸 스타일 미래가 보이시나요?
흉터 하나 없이 매니큐어 된 화장술

나는 나의 나를 찾기 위해 당신을 노크하죠.
선택은 택하는 자만 주인 될까요?
초초는 흐름이고 길은 바로 곁에 놓이기 마련이잖아요.
글쎄요. 남루한 기척 밀어올린 안팎
경계는 유리막이죠. 거울 앞에 선
여우 몇

탁자 날다

시간은 고양이다

언제 어느 때인지도 모를
지루한 발문 받아 적느라 망설였지
값싼 오류 아닌지 고민도 선택했지
빌린 책을 반납하듯 오래 묵은 너를
어느 곳에 앉혀 둘 지에 대해

집, 바다, 길, 나무, 개, 고양이, 하이에나, 킬리만자로 표범
알프스 산맥 관통한 56.97㎞ 고타르베이스
시간 속 터널 지나 수십 수천만 세포 공존된
발전과 소멸 기류를 엿보았을까
목조여 오는 산더미 배설물
여러 단계 책과 거리에 잠기다 매번
유서로 받아 적는 너의 성실함을
회조광回照光으로 믿어 의심치 않은 적도 있지

초승달 끼고 서쪽으로 기울어진 어깨
성큼 끌어안는 문풍지 속 너.
황사를 건너온 계절같이 가끔 너는
나른하고 무료한 이쪽과 저쪽 뿌리 끝에서
한 여름 밤, 낙타를 끌고 쫓고 쫓기는 사막을 건너오지

>

마룻바닥에 쭈그리고 앉아 적막 발췌하다
그만 놓아줄까—구겨진 팔꿈치 슬쩍 건드릴 때
우툴두툴 떨리는 필체라니
실눈 뜨고 고양이 죽일 기회만 엿본 것 아니어서
불만 접수된 기계적인 말투 줄긋느라
다시, 우주를 펼쳐보는 중이다

백소연 | 고려대학교 대학원 문학예술학 문학석사 졸 | 2002년『현대시문학』 등단 |『정읍사문화제』 운문부 장원,『월간 아동문학』 운문부 신인상 수상,『동서문학상』 수상,『대한민국월간아동문학상』 수상 | 시집『바다를 낚는 여자』 외 공저 | 시나리오『궁 안의 연꽃』 집필 | 현재 기독타임스 칼럼니스트, 논설위원으로 활동 중 | 이메일 mousaisy@hanmail.net

우산의 덜미 외 2편

송미선

유통기간이 하루 남은 우산을 샀습니다

우산대를 빙글빙글 돌리며 걷습니다
웃음소리가 우산에 앉기도 전에
눈물방울이 튕겨 나가네요
비바람이 몰아치는데
아무렇지도 않게

세 개를 한 묶음으로 팔고 있었기에
덥석 쥐었습니다

계절을 버무려
마음 가는대로 하나씩 꺼내 쓰고 버리려구요
생각을 낭비해버린 것을 알아챘을 때
한 계절이 끝나고 있습니다
다음 계절의 계획표를 만들기 전
붉어지던 빗방울이 그치네요

접혀지지 않는 우산살이 우두두둑
부서지는 기미가 느껴지네요
뼈대가 생각보다 단단한가 봅니다

>

이제 비가 그치네요 그러나
실마리가 주렁주렁 달린 우산을 접을 수 없네요
기척 없이 돌아서는 계절을
씹지도 않고 그냥 삼키며

물구나무 서있는 나를 빙글빙글 돌립니다

고해성사가 끝나면 입을 그려 줄게

베갯머리에 못 하나를 심어두고

원피스 뒷덜미에 붙은 상표가 그녀의 이름이다
풀어진 단추 서너 개 사이로
맥박만 팔딱이고 있다
웃음 뒤에서 견디던 속내가 꼬리를 내밀 때
함부로 끼어드는 어설픈 변명 따위는 아랑곳없고

저절로 뛰었다는 심장은 오히려 반성을 모르는데

이스트를 넣은 시간처럼 그녀의 입은
시도 때도 없이 부풀어 올라
모자이크 창을 스쳐 날아갔다
부끄러움을 배우지 못해 얼굴 붉힌 적 없었다는 그녀
고개 끄덕이며 맞장구 쳐준 것이 화근이었다
붉어지던 창문이 겹겹이 포개진다
심장이 드러날까 봐
뻔히 아는 길도 물어가며
쏟아지는 잠을 참았다

무릎 꿇고 기도하는 법을 배워야 하는데
베갯머리에 내려앉은 잠의 정수리로 내리치는 못

그리기도 전에 지워버린 것이 죄라면
더 이상 덧칠할 수 없다

고해성사가 끝나면 입을 지워줄거야

물풍선을 달아 두었어요

물풍선을 터뜨릴거야

눈 떠 가장 먼저 하는 것은
쪼그라든 풍선을 다시 팽팽하게 물로 채워 두는 것
마음 가는 대로 그리다가
다 채워지지 않은 풍선을 밀쳐두고
또다른 얼굴에 발가락을 그려 넣는

당신 머리 위에 물풍선을 매달아 두었어요

잠깐 지나가는 소나기인가 하고
바람소리 반대쪽으로 고개 돌렸지만

여기가 어디쯤인지 알 수 없을까 봐
나뭇가지를 분질러 표시해두고
눈에 밟히는 대로
바늘 하나 챙겨서 풍선을 따라 나섰어요

새끼발가락에 내린 쥐가 머리카락까지 쭈뼛 서게 만드네요
눈물이 흐르지 않는다고 슬프지 않는 것이 아니지만

당신의 안경에는 항상 안개가 서려 있네요

>

소용돌이보다 더 회오리 같은 하늘
병아리 채 갈 듯이 빙빙 돌고 있는 매를 본 하늘이었어,
그래서
두려웠어요

송미선 | 경남 김해 출생 | 동아대학교 대학원 문예창작학과 졸업 | 2011년 『시와사상』으로 등단 | 시집 『다정하지 않은 하루』 | 이메일 sms27143@hanmail.net

상처傷處 외 2편

안영민

아프니까 상처다.

광대야! 꽃 한 번 피워보자.

얼음 얼고 눈 내리는 엄동설한嚴冬雪寒이면 어떠냐?
얼음을 뚫고 피어나는 매화처럼
좀 더 일찍 피어나면 어떠냐?
피어 오래 머무르지 못하면 어떠하며,
벌 나비 없이 혼자 외롭게 피어나면 어떠하냐?
빨갛고 하얗게 색을 섞어
처염하게 피어보자!

상처에서 새 살이 돋아나듯
핏빛으로 피어보자!

순백의 얼굴을 붉은 탈속에 숨기고
피어보자, 광대야!
이, 어릿광대야!

젊은 윤회

누군가는 길을 만들고
누군가는 그 길로 떠나야 한다
누군가는 그 길모퉁이에서 숨죽여 기다려야 하고
누군가는 그 길의 뒤안길에서 애태우며 태우며 스러져야 한다

누군가는 십자가를 만들고
누군가는 그 십자가를 메고 가야 한다
누군가는 그 밑에 부복하여야 하고
누군가는 그것을 올려보며 울어야 한다

허물을 벗은 나비는 다시 허물로 돌아오지 않고
한 번 둥지를 떠난 새들은 다시 둥지로 돌아오지 않는다
나도 어미를 잃어 되돌아갈 수 없듯이
한 번 떠나온 곳으로 돌아갈 방법이란 없다

오늘은 어제의 것일 수 없고
내일은 오늘의 것일 수 없다
어제는 오늘의 것이 되기 위해 죽어야 하고
오늘은 또 내일의 것이 되기 위해 몸을 바쳐야 한다

짐승

1
흔들지 마라

손 씻고 돌아서며/ 물 털지 마라
볼일 보고 엉거주춤/ 몸 털지 마라
잠깐 보고 돌아서며/ 머리 흔들지 마라
무릎에 올려놓고/ 다리 떨지 마라
잔머리 없는 짐승/ 멀미 난다

2
발로 차지 마라

말귀 못 알아듣는다고/ 발로 차지 마라
시킨 대로 못 한다고/ 밥 굶기지 마라
귀엽다고 먹던 음식/ 입대고 먹이지 마라
털 많이 빠진다고/ 옷 입히지 마라
비위 약한 짐승/ 욕지기 나온다

3
내다 버리지 마라

밥 안 줘서 굶어 죽었다고/ 쓰레기 취급하지 마라

차에 치여 절뚝거린다고/ 쫓아내지 마라
시끄럽게 짖는다고/ 성대 자르지 마라
암캐 쫓아다닌다고/ 거세시키지 마라
치매 걸려 못 듣는다고/ 내다 버리지 마라

4
끌고 다니지 마라

나오지도 않는 똥 싸라고/ 이 길 저 길로 끌고 다니지 마라
많이 싼다고/ 굶기지 마라
며칠씩 놀러 간다고/ 가둬놓지 마라
발에 흙 묻는다고/ 신발 신기지 마라
털 많은 짐승/ 땀난다

5
구속하지 마라

혼자라 외롭다고/ 끌어안고 자지 마라
오줌똥 못 가린다고/ 기저귀 채우지 마라
멋대로 돌아다닌다고/ 목매지 마라
여기저기 침 흘린다고/ 입마개 하지 마라
살고 싶어서 사는 개/ 아니다

>

6

쥐어박지 마라

애한테 겁줬다고/ 벌주지 마라
걷지도 못하면서/ 쥐어박지 마라
돈도 안 주면서/ 보초 세우지 마라
고기 연해진다고/ 패잡지 마라
말 못 하는 짐승도/ 맞으면 아프다

7

팔아먹지 마라

좋은 종자 얻겠다고/ 성 팔지 마라
순종을 못 낳았다고/ 아무나 주지 마라
한여름 복날이라고/ 잡아먹지 마라
몸에 좋다고/ 아무 개나 먹지 마라
육우도 따로 있고/ 먹는 짐승 따로 있다

8

반려하지 마라

아프다 못한다고/ 꼬리 자르지 마라

냄새난다고/ 목욕시키지 마라
짐승도 역겨우면/ 고개를 돌린다
애완하지 마라/ 꼬리는 네가 좋아하니 흔드는 것이다
반려하지 마라/ 나는 한 번도 선택한 적이 없다

안영민 | 2014년『애지』로 등단 | 시집『꽃은 핀 자리에서 다시 피지 않는다』| 2016년 예술지원사업 예술창작부분 | 이메일 medardo@hanmail.net

비트코인의 입술 외 2편

오현정

새벽 꿈결에 안아 본 당신, 낮 동안 누구를 만나 어떻게 변할지

더 이상 베팅할 수 없으면 검은 가방에 넣어둔 푸른 지갑을
지갑 속 종이돈을 가상화폐로 바꾸세요

당신이 先物이면 내 膳物은 진짜 선물

서로가 물 먹였다 울먹이지 말고 마약왕 파블로 에스코바르처럼
시가를 물고 검색대를 유유히 통과하세요

실연의 아픔이 뭐냐고 청춘은 물을 거예요

제도권으로 들어가는 사토시 나카모토의 예지대로
중매쟁이 없이도 당신에게 윙크하는 연인들로 넘칠거예요

아포가토 한 잔 나눠 마시지 않고 온라인으로 황금아기를 낳고
오래오래 비둘기를 품고 미소 짓는 거래가 한창 무르익어 가요

>

금화와 은화가 반짝이자 쌀과 도자기가 뒷전으로 밀려났듯이
당신이 내려 받은 소프트웨어가 이제 당신의 유일한 자산

캐면 캘수록 몸값이 치솟는 이유는 검게 뒹굴어본 호기심만이
채굴권을 암호로 살 수 있기 때문이에요

비트페이는 이름도 모른 채 주고받은 설렘의 모든 책임을
당신에게 묻는 규약이자 절차

흠결 잡히지 않게 유의사항을 잘 숙지하시면
여의도에서 니혼바시, 월스트리트 어디에 있든
지구상 그 어느 지점보다 당신은 내내 상승세를 그리는 챠트쟁이가 될 거예요

숲이 낳은 숨

맨몸을 비벼 만든 아이가 귀를 앓고 하염없이 울었다

숲은 미어지는 눈물을 흙에 섞어 강아지나 토끼를 빚고
아이의 영혼 대신 구슬을 불길 속으로 던졌다

더 이상의 슬픔은 숲을 지나 강으로 흘러갔다

돌니베스토니체의 사람들도 배고픔이 해결되면
서로의 눈동자 속에서 아름다움을 찾았다

두 개로 조각난 비너스의 몸은 피를 이어가는 또 한 몸

춤추며 환호하며 새해를 밝히는 빛이 나무속에 움트고
불씨를 마음속에 담아 생명을 일군 손길이 쉴 틈이 없었다

화덕 주위에 모여 따뜻한 말을 나누며 고된 삶을 구워내는 사람들

전곡선사박물관 체코의 구석기시대 앞에서 응어리마저 녹였다

>

저토록 새까만 울음 속에서 폭죽으로 터지는 숨소리를 듣기 위해
사람들은 이 순간에도 뜀박질하는 가슴속 숲길을 가꾸고 있다

설탕 혹은 소금

벌레들의 수다를 가로수 돌 틈에 쟁여두네요
당신의 닉네임은 사라지는 꿀벌,

그녀가 코디해준 청자켓 안 후드 뒤집어쓰고
크라잉넛의 '밤이 깊었네' 듣고 있나요

흔한 별명 한 벌 입는 건요, 꽃 속에서 꽃물 길어 올리기
헤어진 후, 솔향 스민 산수화라도 되고 싶은 거죠

콧등에 앉은 나비, 여왕벌 발뒤축 밀어 올리는 소금이 궁금한가요

기와 빛 문장이 짚신 엮는 밤, 벌 나비는
먹빛 등껍질 벗고 밝은 음 바라기 돌 꽃을 잉태하나 봐요

맨발로 산을 넘어온 메아리, 인왕제색도에 바람막이를 펄럭여요

붓을 씻고 여덟 폭 늦가을병풍 속으로 성큼 들어선 당신, 눈가림이 필요하군요
진품을 위해 가끔 위작도 그리나요

>

본명을 두고 가명을 쓰는 진짜 이유 말할 수 없겠죠
아침이 올 때까지 당신의 생각은 창을 열지 않겠죠

벌이 사라지지 않게 자두나무를 색칠하는 각 잡힌 당신을 알아볼 수 있을까요

오현정 | 포항 출생 | 숙명여대 불문과 졸업 | 1978년, 1989년 『현대문학』으로 등단 | 시집 『몽상가의 턱』, 『광교산 소나무』, 『고구려 男子』, 『봄온다』, 『물이 되어, 불이 되어』, 『에스더 편지』, 『마음의 茶 한 잔 · 기타 詩』, 『보이지 않는 것들을 위하여』 등 | 2017년 제15회 애지문학상, PEN문학상, 월간문학동리상, 들소리문학대상 | 한국문협 이사, 국제PEN한국본부 이사, 한국여성문학인회 이사, 한국시협 상임위원, 문학의 집, 서울, 숙명여대문학인회 회원 | 이메일 every424@hanmail.net

고등어 가장 외 2편

유계자

기어코 오래된 냉장고가 말썽을 부린다
바다를 기억하는 것들이 많아서인지
윙윙 삐거덕 파도가 친다
켜켜이 쌓인 성에를 거두며
이참에 가볍고 대가리 없는
것들은 따로 넣어두고
단단한 나무 도마를 꺼냈다
무엇이든 올려주세요
해동이 어려운 파도이건 잡생각이든
칼의 처분만 기다리는 도마
푸르게 얼어붙은 고등어가
실직한 가장의 손에 들려 있다
단 한 번이라도 도마에 오르면 끝장이다
동그란 눈이 꺼림직하다는 듯,
자꾸만 칼의 각도가 빗나가는
어설픈 그의 손놀림
여기저기로 튕기쳐 나가는 고등어의 반항
칼자루를 쥔 자는 언제나 타인이었다
평생 칼 한 번 제대로 잡아보지 못한 천성
도마질도 쉽지 않다며 두런두런 중얼거린다

느티나무 그 여자

느티나무 그 여자 허름한 트럭에 실려 반쯤 허물어진 까치집을 품고 아스팔트를 지나 골목길로 들어섰다 난생처음 세상 밖으로 이파리를 출렁거리며 달려온 것이다 단 몇 시간 만에 몇 푼의 돈으로 결정된 기구한 운명, 지닌 것이라곤 기둥 몇 개 남은 까치집이 전부였다 발이 묶여 순순히 따라오긴 했어도 자꾸 불안한지 그렁그렁한 잎사귀를 떨군다 네 개의 바퀴가 주춤주춤 붉은색 대문 앞에 멈춰 서자 때마침 덩치 큰 포크레인은 평생 뼈를 묻어야 한다며 느티나무를 번쩍 구덩이 속으로 밀쳐 넣는다 너무도 순식간의 일이어서 까치집 기둥 하나가 풀썩 발밑으로 널브러졌다 사람들은 기다렸다는 듯 이리저리 밑둥까지 들춰보고는 다들 한 마디씩, 푸른 대문집 미끄덩한 소나무는 너무 뺀질나서 영 못 쓰게 되었고 저 아랫동네 꼬패집은 당최 단감이 열리지 않아 잘라버렸다고 철철 말을 쏟아 붓는다

느티나무 그 여자의 지주
사방에서 버팀목이 되어 주고 가지고르기를 한다면
잎겨드랑이에 수꽃 암꽃 필 때까지만 참아준다면
땅 밑을 흐르는 샘물 콸콸 퍼 올리고 싶다는
소외의 고독으로 지쳐 있는 그 누구에게
천년이 지나도 마르지 않을
이마 짚으며 그늘이 되어 줄

느티나무 그 여자의 속내까지
아직 알아챈 사람은 없었다

여름 그리고

옷장을 정리했다
백화점 폭탄세일 파편들 속에서 건진
애지중지 버릴 수 없는
훅 파인 커다란 장미꽃무늬 원피스
한여름 꽃들만 걸어 나와 베란다에서 나풀거린다
한 때는 태양을 피하는 짝퉁 구찌 선글라스
긴 차양의 모자를 쓰고 요염이 걸어 나가던
비처럼 음악처럼 가볍던 그녀가
바라만 보는 그대처럼 전리품처럼
안방에 늘어놓았다
만약에 말야
만약에 말야
허밍으로 중얼거리는 후렴은
자전거를 타고 논두렁을 구르지 않았다면
병원에서 크레졸에 배인 날들이 없었다면
운동 좋아하는 위층 여자와 친했다면
여름은 나와 이웃이 되었을 것
원피스는 나의 피붙이가 되었을 것
그래서 후회는 갈수록 친족이다
쓸모라는 관점을 따지지 않더라도
내 것이 아닌
분리수거된 남의 것
나와 동떨어진 여름처럼

유계자 | 2016년 애지로 등단 | 이메일 poem-y@hanmail.net

갇힌 여자 외 2편

이현채

> 마지막으로 바깥으로부터 눈길을 돌려 내게 있게 될 방의 창문 쪽을 보니 머지않아 굳게 닫힐 눈부신 쇠창살이 보이는 것 같았고 그것이 나의 영원한 구속을 위한 황금 철장이란 생각이 들었다.
>
> — 마르셀 프루스트

문은 스탈린의 비밀경찰보다 집요하고 대머리보다 음흉하다. 쾅, 쾅, 방은 점점 쪼그라든다. 문은 살충제 냄새를 풍기며 흐물흐물 웃기도 한다. 귀신 이야기 속에서 나는 처참한 죄수가 된다.

기성복! 너는 물리학자가 되고 싶은 거지. 문은 옛날 기차 화통처럼 웃어댄다. 나는 갇힌 방에서 우주여행을 꿈꾼다. 은하철도가 생기고 메텔을 부른다. 여행 가방이 안절부절 못하며 시간표를 뒤적인다. 대머리는 소낙비 소리를 내어 은하철도의 기적소리를 지워버린다.

기성복! 별들은 모두 죽었어. 메텔은 죽은 자들만을 태우고 가지. 심장이 시계바늘처럼 동동거린다. 귀곡성鬼哭聲이 떠도는 방에서는 살충제 냄새가 가득하다. 나는 기적 같은 기침 소리를 내며 은하철도를 꿈꾼다.

햇빛 속에 그리고, 그늘 속에

돌로 된 가족이다.

불가능한 퇴적물 속에서
화석이 되어 버렸다.

날마다 우리는 자살을, 혹은
살인을 기도한다.

우리는 서로 말을 걸지 않지만,
보지도 않는다.

바람이 골목 끝에서
단말마의 비명을 지르며
파닥거린다.

무수한 밤들이 있었다.

도시에 밤들은 주저하고
수줍어하면서 내려앉았다.

온 세상을 감미로운
암흑으로 채우려고

>

집의 신음소리에
귀를 모았고
바람의 애무 아래 괴로워했다.

목소리는 내 위로 기어오르기도 하고,
내 뒤로 가서 서기도 하고,
내 옆에 와서 물끄러미 바라보기도 하고,
내 곁으로 바싹 다가오기도 했다.

돌멩이 소리가 들리게 된 때부터
목소리가 분명 존재해 왔음을 알았고
그와 동시에
내 목 둘레에서는 뾰족하고
기다란 돌로 된 목걸이가
윤곽을 드러내기 시작했다.

초록색 집들은
부동자세로 듣고 있었다.
어쩌면 우리의 이야기를 듣고 있는 게 아닐지도 모르지만,
어쨌든 집들은 이미 귀가 닳도록 들었다.

집 전체가 가련한 비명을 질렀다.

>

고통스럽다는 듯
처마와 벽 사이사이에서
피를 흘렸다.

우리의 밤은 정적으로,
비밀을 속삭이는 나무로
무장되어 갔다.

달은 나무와 땅의 향기 사이를
침통하게 거닐다가
우리에게 다가와 우리의 체취를 어루만졌다.

골짜기는 정적을 수북하게 담은
큼지막한 대접이 되었고,

우리는 돌이 되었다.

나무가 되다

나무가 사라졌다.

옷을 두껍게 껴입고 나를 기다리며 들판에 홀로 서 있던 나무가, 가끔은 이파리를 떨구고 사색에 빠져서 인사조차 하지 않던 나무가, 나의 아버지 무덤을 지키던 나무가, 비의 칙칙한 말들이 걸려 있는 나무가

숨을 깊이 들이 마신다. 뱃속에서 초록이 헤엄친다. 중력에 저항하는 촛불에게 우주를 날을 수 있는 법을 가르쳐준

그 나무

아침 커피 잔 속에서 기지개를 켜는 플라타너스, 늦봄의 우울을 빨갛게 달래주는 석류, 물소리를 내는 버들이

거리는 바삭바삭 유리처럼 부석거리고
비가 오면
소리는 갈 곳을 잃고 떠돌고
바람은 앉을 곳이 없다.
나이테를 잃은 하늘에서 새들이 운다.

나무의 목소리를 흉내 낸다.

이현채 | 2008년 계간『창작21』로 등단 | 시집『투란도트의 수수께끼』| 이메일 iris6589@hanmail.net

접시돌리기 외 2편

이희은

바늘이 돌지 않던 시계,
바닥으로 떨어져 깨져버렸습니다

얼른 조각을 주워들었으나
감쪽같이 이어붙일 수는 없었습니다

그녀는 둥근 것들을 찾아서
하나씩 손가락 끝에 올려놓고
돌리는 일을 멈추지 않았습니다

중요한 것은 궤도의 중심점을 찾는 일

몇 번의 현기증이 지나가고
모든 문을 닫은 방이
휘청거리기도 했습니다

모서리를 둥글게 깎는 식탁엔
우그러진 접시들이 가득했습니다

뒤엉킨 낮과 밤이
차츰 제자리를 찾아갈 때

>

마침내 그녀의 머리 위에서
회전목마, 별자리, 우주가
끊임없이 돌아가고 있었습니다

태풍도 그녀의 손끝에서 휘돌아 나왔습니다

직지사는 없다

도랑을 따라 돌돌,
물소리가 흘러나왔다

낮고도 단조로운 리듬

생각의 마디마디를 거쳐 오면서
음색이 점점 맑아졌다

부은 발등에 한 모금 적시니
발가락 끝까지 환해졌다

물이 몸에 스며드는 동안
직지사는 어디에도 찾아볼 수 없고

풍경 속 물고기만
물결 사이에
향기로운 호흡을 풀어내고 있었다

오카리나 부는 여자

산기슭에 나무로 서서 새떼를 날려 보내네

구멍마다 갓 태어난 새, 비틀거리며 계곡 쪽으로 날아가네

바람이 연달아 그물을 치는, 언 하늘이 돌멩이를 떨구는, 그 사이

부리가 더 단단해지고 순한 발톱 날카로워지지만

산 그림자 속 한 바퀴 돌다가 어둑어둑 깊은 잠에 빠지기도 하네

공중에 나이테를 새기고 찢긴 날개로 새들이 돌아오면

여자는 반음 건너는 소리처럼 더 빠른 날갯짓을 부화시키네

이희은 | 2014년『애지』로 등단 | 이메일 leh2627@hanmail.net

사막의 시간 외 2편

임덕기

가슴에 불덩이 담고
이따금 숨을 몰아쉬며 고통을 참는다
모래바람에 푸석한 머리카락 날리며
힘든 시간을 견딘다

지난한 시간들
고스란히 사구砂丘에 기록되어 있다
물결무늬는 고통이 지나간 발자취

칠흑 같은 어둠 속을 뚫고
설익은 꿈들이
하나, 둘 포물선을 그리며
모래골짜기에 떨어진다

바람 따라 굴러다니는 텀블링플랜트*
유목민처럼 떠돌다
비가 내리면 낮빛에 생기가 돈다
빗물로 목을 축이고 바닥을 딛고 일어선다
잠시 기거할 집의 뼈대를 세운다

갈증을 참다못해 씹어 삼킨
낙타가시나무 가시로

입안이 피로 흥건한 낙타를 돌보며
사막은 서서히 늙어간다

* 사막의 건기乾期에 공처럼 굴러다니는 떠돌이풀.

원대리 자작나무 숲

숲에는 눈, 눈들이 질펀하다
허우대가 크고 살비듬 허연 나무들이
부스스한 얼굴로 깨어나
샛눈을 뜨고 쳐다본다

침묵 속에 사물을 조용히 응시한다
삼각진 눈, 새초롬한 눈,
흘기는 눈, 찡긋거리는 눈들이
산지사방에서 서로를 주시한다

둘레둘레 모여 서서 서로 눈을 찡끗거리며
두런두런 얘기를 나눈다

등 뒤에 그려진 눈으로
천적을 속이는 나비처럼
자작나무 껍질에 그려진 수많은 눈들

"조심해, 내가 보고 있으니까."

허투루 날아오는 비수를 피해
자신을 보호하려고
각진 눈으로 마음을 대신하고 있다

허점을 찌르다

창틀사이로 들어온 노린재 한 마리
고약한 냄새를 풍기며
방 안을 휘젓고 날아다닌다

들어올 곳이 없다고 생각했는데
들여다보니 창은 허점투성이다

창틀 사이로 뚫린 물받이 구멍으로
뚫어진 모기 망 사이로
노린재는 제 집인 양 드나든다

언제 이렇게 구멍이 숭숭 뚫렸나

나만 모르고 남들은 다 보는
허점투성이 내 모습이 보인다

임덕기 | 경북 포항 출생 | 이대 국문과 졸업 | 2014년 『애지』로 등단, 2010년 『수필시대』, 2012년 『에세이문학』 등단 | 시집 『꼰드랍다』 | 수필집 『조각보를 꿈꾸다』, 『기우뚱한 나무들』 (2015년 세종나눔) 우수도서 | 이메일 limdk207@daum.net

성호에게 외 2편

정동재

밥상 위에서 숟가락 젓가락질 중이다
엄지에 모인 손가락 네 개가 성호다

수많은 별이 성호를 긋는다
저 별은 너에게 저 별은 나에게 성호를 긋는다

해는 뜨고
해는 지고
해 뜨는 곳부터 동서남북을 긋는다
인류 언어의 역사가 동서, 남북이라며 성호를 긋는다

늦은 밤 등을 밝힌 우리는 빌딩 속 알알이 성호를 긋는다
휴일에도
너는 卍자를 찾고 너는 十 자를 찾고 너는 십자가를 찾는다

의미 없이 빛나는 별이 있을까
작든 크든 성호는 성스럽다
성호가 아름답게 빛나는 이유는
두 손 모아 十을 만들어 기도하기 때문이다

해맞이 가는 길

칼빈슨호 탑승권은 거부한다
크루즈여행 탑승권은 예약할 수 없다

꼬리에 꼬리를 물고 가속 페달 천천히 밟으며 간다
왁자지껄 떠들다가 셋이서 낄낄거린다
뒷좌석 아들딸은 잠이 들고 옆 좌석 달구경 소리

시공을 가르며 온천지가 나선다
낮과 밤으로
해와 달이 노 젓는다

하늘을 만들다

자와 컴퍼스가 하늘을 만든다
별 밤이 쌓여 심법心法을 전수 한다
사방 칠 수 한 치의 오차가 없다
황도 12궁에서 봄 여름 가을 겨울이 찾아온다

봄이 오는 이유를 묻자 농부가 땅을 일군다
사계의 의미를 묻는 것은 별 의미가 없으므로
꽃피는 이유를 묻는다
꽃송이도 피우지 못한 죽음에 관하여 묻는다
판사처럼
공약이행을 촉구하다가 형장으로 사라져 간 청춘을 심리한다
시간은 다시 되돌릴 수 없으므로 사라진 봄에 관하여 눈물이 앞을 가린다

사계의 의미를 묻는 것은 정말이지 더 이상의 의미가 없으므로
신도 아닌 주제가
죽음을 논하고
의사라도 된 것처럼 메스를 꺼내 든다
콘크리트 농수로에 빠진 고라니를 위하여 머리를 맞댄다
하늘의 일이 땅에서 꽃 핀다

의사봉이 자와 컴퍼스가 하늘을 만든다

정동재 | 2012년『애지로 등단 | 시집『하늘을 만들다』| 이메일 qufdlthsus@hanmail.net

주전자 속으로 내리는 비 외 2편

조성례

태양이 잘 경작한 허공을 이 밤, 누군가 적시고 있다
잔소리처럼 끊임없이 청각의 텃밭으로 꽂혀드는 저 소리의 송곳들,
단잠에 들었던 내 귀의 둑이 간헐적으로 헐리자, 적막이 조금씩 유실되기 시작한다.
전염병처럼 번지는 한밤의 빗소리, 창밖에서 누군가 슬피 울고 있다
그칠 줄 모르는 울음소리에 내 고요한 잠이 눅눅해 지고 이내 나도 젖는다.

비가 내리면,
파문처럼 레코드판처럼 회전하며 들려오는 젖은 소리들
오래전 선술집에서 거나하게 취한 사내가 흥얼거리던 목로주점 한 소절과
연탄화덕 앞에 앉아 닭똥집을 구워먹으며 주고받던 낯익은 고백들이 번진다.
매캐하고 독한 연탄가스처럼
그 시절 우리들에게 치명적인 중독을 선사했던
화장이 진한 K의 골절된 사랑과 여인숙의 이별도 빗속에서 시작되곤 했다.

이 밤, 오래전 소식이 끊겼던 그녀가 돌아왔는지 한밤중

에 비는 내리고
  그날 밤 여인숙에서 소녀는 여자가 되었다는 그 사연도
  알고 보면 비 때문이었다던 술 취한 그녀의 벌개 진 변명처럼
  내 머리맡의 비는 그칠 줄 모른다.

저 여인, 난데없이 돌아와 내가 잠 든 거실 창문을 밤새 두드린다.
  이 밤의 늑골을 모두 적시고
  내 폐경의 날들까지 뜬눈으로 망쳐놓고도 갈 생각을 않는 저 여인
  나는, 새벽까지 이어지는 그녀의 넋두리를 귀로 받아 적는다.

문득 체온 속으로 파고드는 찬바람을 졸린 스웨터로 애써 단속하며
  가스레인지 위에 차 주전자를 올려놓고 불을 켜는데
  반쯤 물이 채워진 주전자 좁은 그 안에도 자글자글, 비가 내린다

그 사내의 변증법

그 사내의 변신은 무죄였습니다

하루 오식이가 되어서도
그의 벗겨진 뒤통수만큼 당당했지요
아내의 허리에 불어오는 바람은 겨울 무처럼 구멍이 생겨
드디어 땅바닥에 손바닥을 얹을 때까지도
그것은 네가 네 땅을 잘못 경작한 탓이라 했지요
그녀의 허리에 시멘트보철물로 지나온 세월을 땜방하고서야
오식이를 향해 건던 사내의 당당함은
우선멈춤이란 교차로에서
붉은 신호가 지나가길 기다렸지요
좀체 바뀌지 않는 신호등,

사내의 손에는 밥풀 묻은 수세미와 허기가 기다리고
좀체 떨어지지 않으려 뱅글거리는 마른 밥풀은 마치
사내의 과거 이력을 밝히는 것 같았지요
부드럽게 떨어질 때를 기다리는 인내심은
오래된 삭은 바느질실처럼 간당간당 거렸지요
갑자기
바늘이 부러지면 허리춤에 매어 쓴다는 변증법을 배우고 있는 사내,

그의 어깨는 좌우대칭이 무너지기 시작했지요

끊어질 것 같은 실 끝을 붙들고 밥풀을 불리고 있는
그 사내의 논문 제목은 무죄입니다

동면

아주 작은 나무 한 그루가 겨울을 감지한다
나무는 제 몸의 이파리들을 떨궈 발등을 덮는다
비로소, 침묵에 드는 겨울의 뿌리들이여!
발등을 덮은 작은 나무는
물관을 통해 수분을 간직하고
겨울은 기린의 목을 닮아 휘청휘청 내게로 온다
점점 두터워 지는 껍질처럼
나이테들이 한 겹씩 남루를 껴안는다
남루 속에서 반짝이는 섬광들이
당신의 창문 밖을 기웃거리고
겨울을 이겨내지 못한 어린 줄기가
추운 공중을 향해 여린 팔을 휘두를 때
줄기마다 내년을 약속하는 꽃눈, 꽃눈, 꽃눈,
그리고 온기를 보내는 당신의 작은 나무
시린 발을 땅속 깊이 묻고
나는 긴 잠을 자기로 한다
캄캄해서 환한 눈을 감고 당신을 기다린다

조성례 | 《중부매일신문》 2010년 1월~12월 칼럼연재 | 2015년 애지신인문학상 | 서울디지털 대학 문예창작학과 재학중 | 이메일 rkdirhrfl@hanmail.net

모계영자도母鷄領子圖* 외 2편

조영심

두어 평 남짓 우리 집 방안 빛바랜 풍경처럼
한 배 새끼도 오랭이 조랭이라고
에미 훈짐 번지는 안마당엔 뒤꽁무니 파고들며 아랑 떠는 놈
다리 기둥 차지하고 으스대는 놈
먼저 먹겠다, 밀고 당기는 놈
물 한 모금 넘기려고 꺼진 하늘 쳐다보는 놈
혼자 동떨어져 노작 거리는 놈
벌 한 마리 입에 문 그 에미 앞에서
말똥말똥 입만 치어다보는 여섯 놈
봄바람에 어미 깃털 고르는 사이
연둣빛 마당을 나비가 한 바퀴 도는 사이
바위 그늘에서 찔레꽃이 잠깐 조는 사이에도
하루에도 열두어 번 먹어대는 목구멍
한숨짓는 에미가 새끼 여린 목에 걸리지 않게끔
자디잘게 부수는 동안에도
어미 목구멍에 꼭 매달린 저 육 남매
침 넘어가는 소리도 오랭이 조랭이,
들렸다 끊기는 세월이며 눈물이며 어디 가고
배접된 속마음만 쌀뜨물 풀칠처럼
저리 마르고도 굳었으니

* 조선후기 화재和齋 변상벽(卞相璧, 1735~1775) 작품.

높고 깊고 견고한

한줌 어둠이 되어 은교리 낮은 언덕배기로 젖은 풀섶 헤치며 그윽한 어둠 속에서 성큼성큼 한 사내가

걸어 나온다 마디마디 메워주던 살집이며 말도 떼기 전 어린것 어르던 눈매, 살짝 손목을 끌어당기던 뜨거운 입김, 하 그리움이 사무쳤을까 금방 다시 올 것처럼 집을 나서던 그 건장한 골격으로 붉은 황토 분가루 툭툭 털며

일어 나온다 불러본 적 없지만 꼭 불러보고 싶었던 간절한 음절, 입술에 닿던 모든 말 중에서 가장 어색하고 가장 절실한 한 생의 가장 눈부신 호명이

터져 나올 것 같다 먼 기억은 꿈길로 통하는 서로의 길섶, 이승을 벗어났을 때 곡절처럼 다시 만나 질 백골의 젊은 아버지와 애비 없이 육십갑자를 홀로 돌아온 어린 딸이 죄인처럼 마주 앉아 소리 죽여 우는 밤이

슬그머니 왔다 애잔한 두 가슴, 절절히 얽히고설킨 훈짐으로 둘이 하나 되어 마냥 둥글거늘 지금 누구도 건드릴 수 없는 높은 하늘처럼 깊고 견고하거늘 이처럼

애먼 사랑도 때 되면 오더라 부재의 생을 압축하여 한 단

어로 말하지 말자고 서로에게 지나간 미래가 되어 여태껏 흘러왔듯 하나가 되어 흐르자고 그렇게 흐르며 함께 가자고 저기, 동트는 하늘가 슬몃 비켜서는 새벽 별 하나

팽나무 어머니

갱변 마파람 맞으며 수백 년 서해 붉은 노을을 지켜본 것은 망해사望海寺가 아닌 절 마당 끝자리에 눌러앉은 노거수 어머니였을 것이다

천년을 흐르던 강, 물길이 가로막히자 빈 강가엔 메마른 어제의 시간이 흐르고 더듬더듬 저녁이 찾아오면, 우두커니 허물어져가는 강 쪽으로 몸을 비틀어 귀를 모았을 것이다

낙서전樂西展 팔짝 지붕 서까래에 발 들여놓고, 세상 이야기야 못 본 듯 안 들은 듯 겹겹 나이테에 새기고 묵은 설움에 목이 걸리기라도 하면 발 끝 벼랑 아래로 몇 번이고 뛰어내리고 싶었을 심정이며 눌러 삼켰을 설움이며

허물없던 이 세상 이제 얼마나 더 버틸 수 있을까

저 바닷길 물막이, 애먼 강물 발목만 잡은 것이 아니고 강가에 목줄 대고 어린것들 키워내고 부양하던 손길 발길도 묶어버려, 진봉산 고개 넘는 달빛마저 물비린내 풍기는 강가를 외면할 뿐

늘 푸르던 몸, 목장승이 되었구나

>

침묵의 손을 바다 쪽으로 뻗어보지만 돌아오는 것은 어둠을 찢고 들려오는 멍든 파도의 환청, 이런 밤이면 머리채 붓을 들어 서쪽 하늘로 치닫는 마음에 유서를 쓰고 또 썼을 것인데

삼십삼천 두루 어두움 밝히고 강벼랑을 기어오르는 범종소리, 무쇠 둘레 인경의 비천상을 쓰다듬으며 오늘도 다만 하늘의 목은 메고 또 메고

조영심 | 전북 전주 출생 | 2007년『애지』로 등단 | 시집『담을 헐다』,『소리의 정원』| 현재 여수정보과학고등학교 근무 | 이메일 titirangs@daum.net

주술의 문자 외 1편

조옥엽

고향마을 재래시장을 지나는데
문 닫은 허름한 상가 벽면에
정성들여 예쁘게 쓴 글귀 하나 나를 붙잡네

"잘 될 거야!"

과거도 현재도 아닌 미래형의 거야
그러니까 어제도 안 됐고 오늘도 안 되고 있지만
내일은 될 거란 자조 섞인 말이
배추벌레처럼 꼬물꼬물 꾸물꾸물 기어 나오더니
내 발등에 착 달라붙어 떨어지지 않네

나는 그와 함께 옛길을 걷다
이끼 낀 돌계단에 주저앉아
나를 예까지 끌고 온 놈이 누구인지 생각하다가
놈이 바로 코앞에 얌전히 앉아 있음을 알아차리네

눈도 코도 입도 없는 놈이
대대손손 우리들의 할머니와 할아버지를 끌고 왔고
또한 나를 고삐 꿰어 오늘까지 있게 하고
자자손손 우리 아이들도 질질 끌고 갈 게 분명한

>

암흑의 동굴 속에서도
깊이를 알 수 없는 수렁에서도
한 가닥 빛이 되어 내일을 향해 나가게 하는

어쩌면 세상에서 가장 아픈 말
가장 슬픈 말
그러나 도저히 뿌리칠 수 없는
검은 가지마다 연분홍 꽃이 피게 하는 말

"잘 될 거야!"

새우 씨의 독백

서열을 초월해 새파랗게 젊은 것이 늙은 체, 늙은 것이 젊은 체

암수대소를 가리지 않고 자깝스레 구는 통에 도대체 위아래를 분간할 수 없는

몇 가닥 더듬이로 장님 지팡이 휘두르듯 휘휘 온 세상 휘젓고 다니며

동에 번쩍 서에 번쩍 번쩍번쩍 반짝반짝

불같은 성깔에 시도 때도 없이 팔딱팔딱 날뛰는 통에 동네방네 악명이 자자

굳이 족보를 따지자면 소나무의 먼 친척뻘쯤

아니지, 세세손손 거북을 숭상해오다 가까스로 갑옷 한 벌 얻어 입었는지도 몰라

어느 바람 찬 삼동에 방안에만 있기 진질머리 나

점잖게 의관 정제하고 동네 마실 나섰으나

>

아뿔싸! 얼어붙은 깔끄막에서 미끌미끌 미끌거리다

와지끈 허리뼈 나가는 통에 오도 가도 못하고 대한추위에 부들부들 와들와들

요행히 기적적으로 살아는 났으나 앉지도 서지도 못하고 엉거주춤

이날 이때껏 왕 앞에 선 대신의 자세로 굽적굽적 굽적대면서도

구부러진 것이 온전하다는 말 하나 가슴에 품고 용맹전진 해왔으나

그 말 무색하게 통째로 소금에 구워져 뻘겋게 달아오른 남세스런 몸뚱이

어디로 내빼야 이 수치 면할지 몰라 발만 동동 구르던 새우 씨 왈

곡즉전曲則全도 이젠 옛말 나무아미타불 관세음보살!

조옥엽 | 2010년『애지』로 등단 | 시집『지하의 문사』| 이메일 chookyup@hanmail.net

이동식 무대 외 2편

전명옥

우리는 전진한다 오른편으로 돌면서 전진한다 왼편으로 돌면서 전진한다 밥을 먹으면서 전진한다 웃으면서 전진한다 악수하면서 전진한다 서서 전진한다 앉아서 전진한다 앉았다 서서 전진한다 샤워하면서 전진한다 부부싸움하면서 전진한다 화장실 변기 위에 앉아 휴지뭉치로 코를 풀어내며 전진한다 걸어가면서 전진한다 대출 받으러 온 은행 창구 앞에서 번호표를 만지작거리며 전진한다 행운치과 삐걱거리는 진료의자 위에 누워 전진한다 옆 칸막이에서 흘러나오는 아이의 울음소리를 들으며 전진한다 편의점 한 구석에 구부정하게 서서 컵라면을 먹으면서 전진한다 진격의 우리는 주정꾼의 어깨에 떠밀리면서 전진한다 술집 탁자 모서리에 오지게 부딪혀 피멍 들면서 전진한다 美親 쌍욕하면서 전진한다 산부인과 진찰대 위에 가랑이 벌리고 누워 전진한다 그때 너의 바지자락을 붙잡고 늘어질 걸 생각하면서 전진한다 울고 가는 한 여자 먼 발치서 팔짱끼고 낄낄 구경하면서 전진한다 아버지 그땐 제가 나빴어요 눈가에 눈물방울 주렁주렁 매달고 전진한다 동네 구멍가게 좌판 앞에서 까치에게 귀퉁이 파 먹힌 사과들을 담고있는 빨강 플라스틱 소쿠리를 만지작거리면서 전진한다 등과 배가 들러붙은 길고양이에게 밥 주면서 전진한다 밥 주지 말라고 피켓 시위하면서 전진한다 옛날엔 나도 괜찮았는데 자주 마음속으로 후진하면서 전진한다 술에 취해 새야 새야 이름 모르는 새야 노래랍시고 흥얼거리면서 전진한다 천진한 표정으로 밤하늘을 쳐다보며 아프다 달아 엄살떨면서 전진한다 우리는 전진하면서 전진한다

셀카 찍는 사내

인파 사이로 낯익은 한 사내 걸어온다
벙거지로 반쯤 가린 얼굴 아래로 떨구고 기우뚱거리며
걸음의 한쪽 어깨가 내려앉았다
스쳐가는 듯 하더니 갑자기 멈추어서서 주머니 속에서 스마트 폰을 꺼내어 든다
한 손을 길게 뻗쳐 셀카를 찍는 포즈를 취하다가 중심을 잃고 넘어진 사내
순간 보도블럭 위에 내동댕이쳐진 사내의 스마트폰이 미친듯 연속 셔터를 누르기 시작한다
어둠 속으로 덩달아 기울어지는 내 마음의 뒷덜미를 야멸차게 낚아채며

그날 스마트폰이 제 몸속에 구겨넣은 잔상은 무엇이었을까
(휘청거리는 허공의 감정?)
기우뚱거리는 허공의 목을 끌어안고 자꾸만 바닥이 가까워지던 사내
직립을 잃어버린 채 가느다란 지팡이 하나로 또각거리며 휘돌아왔을 울퉁불퉁한 세상바닥
긴 외발 학다리가 가졌을 쓸쓸한 진동의 여운이
기억의 미로를 더듬어 심장 깊숙히 타고올라
나도 그 자리에서 한참을 후둘거렸다

어떤 비행飛行

붉은 부리가 날아간다
붉은 부리를 가진 새가 날아간다
붉은 부리를 가진 새의 기억이 날아간다
치열했던 어제와 안개 덮인 내일이 날아간다
붉은 부리를 가진 새를 품은 새장이, 새장 밖의 세상이 날아간다
유리병 속 신기루를 찍고 또 찍다 피멍든 붉은 부리

입술을 붉게 물들인 내가 날아간다
붉은 입술을 가진 이데올로기가 날아간다
절명한 절망 절망한 절명 절망 밖의 절망
날개 없는 내가 날아간다
길. 이. 보. 인. 다.

전명옥 | 경북 경산 출생, 경북대 사대 졸업 | 2018년 『애지』로 등단 | 이메일 auddhr7317@hanmail.net

새 깃발을 든 별들은 제 눈빛을 지우고 외 2편

최혜옥

진화는 찬란했다
고향은 연혁에 묻혀 전설이 될 거라 했다
봉숭아 꽃물들이던 흑백사진 속 나를,
서둘러 탈출시키고 싶었다

바깥세상은 소란스러웠으나 아름다웠다
사람 아닌 사람들이 사람들을 제어하고
인공으로 가장한 인공들이 뜨거운 심장을 완성하는 중이었다
새 깃발을 든 별들은 제 눈빛을 지우고
깃발 위에 사차원의 꽃을 피워냈다

눈치 빠르게 정확한
빅 데이터의 초음속 같은 분열로
부서지면서 눈빛을 지운 소용돌이

발걸음이 떼어지지가 않았다
밖으로 밖으로 뛰쳐나가고 있었지만
풍향계처럼 늘 제자리였다

감각을 잃은 어머니의 자궁이
저만치서 어른거렸는데,

꿈같은 꿈의 현실이 가위에 눌린 듯
새 깃발을 든 별들의 눈빛을
찬란한 진화로 지우고 있었다.

굿모닝 부팅

눈꺼풀이 햇살에 감전되듯
아침을 켜면
빛의 속도로 도착되는 하루

밤새 포맷된 세포들이
일제히 눈을 뜬다

업그레이드 될 어제를 알집으로 꾸리고
짜고 맵고 달큰 쌉쌀한 하루치를
북 마크를 할수록 깜빡이는 하이퍼링크들

조그만 배너 속, 더 조그만 링크도
압축을 풀어내면 경계가 무너진다

그릇된 정보와 악성 코드는 조심할 것.
선한 싸움, 사랑 파일에 적극 엑세스 할 것.

오늘도 하루를 켜고 재부팅하면
꺼졌던 어제가 빛의 속도로 도착한다.

간절곶

그대에게 가는 바닷길이 있다
안부를 묻는 엽서 한 장 배달되지 않는
방파제 끝,
망부석이 된 우체통 옆에서
심해로부터 울려오는 첩첩의
푸른 간절함 그 너머로
그대에게 가는 하얀 길을 본다
달아나는 너울이 그대인 듯
물길을 만들며 멀어진다
눈길로 재어보는
그대와 나의 거리
지울 수 없는 길이 파도로 떠다닌다
파랑으로도 닿을 수 없는
그대만 간절한 곳에서
간절곶을 본다.

최혜옥 | 충남 보령출생 | 중앙대학교 예술대학원 문예창작전문가과정 재학 중 | 시마을 동인 | 2018년『애지』로 등단 | 이메일 whatdo12@naver.com

불새 외 2편

탁경자

팔에 새겨진 문신이
이력서일 것이라는
생각이 들었을 때 그에게서 불 냄새가 났다

철들의 골절을 붙이는 용접공인 그가
고층 외줄에 걸터 앉아 있다
부화되지 않은 공중의 거대한 알이
불안에 갇히어 있다
마그마가 흐르고 있는 알
가스 불을 당길 때마다
불의 심장에서 떨어져 나온
한 세월의 불꽃이 무수히 깨져 내린다
화려한 불무리가 정점을 달리고
이탈한 불꽃이 우직한 팔 다리에
붉은 점을 찍는 날에는
짧은 울음소리가
허공에 꼬리를 달고 사라진다
하루해가 빌딩 숲을 빠져 나가자
흥건해진 땀을 딛고 바닥에 서면
동아줄 같은 끈이 목을 조인다

불새가 되지 못한
날지 못한 새가 꿈틀 거리고 있다

끙

어머니는 끙, 소리를 자주 내셨다
나는 그 소리가 듣기 편치 않아
끙 소리 그만 내라고 타박을 하고는 했다

오뉴월 뙤약볕 논밭에서 뒤란까지
허리 펴실 때마다 붙들고 다녔던
끙,
아버지 장미다방 아가씨의 가시꽃 향기로
심장을 쿡쿡 찔러대던 늦은 밤에는 더 끙,
쑤신 팔다리를 부여잡고
끙, 소리 삼킬 적 얼마나 많은 밤을
나뭇잎 떨어지는 소리로 들었던가

아내의 무거운 짐
헐거운 무릎으로 받치고 있다가
괜찮다 괜찮다 일어나게 힘이 되어 주었던
지상에서 제일 짧은 지팡이
끙,

그 무게 이제 다 내려놓고
가신 어머니의 하늘에서도
끙, 하며 허리 펴는 소리
가볍게 들린다

사랑도 저만큼은

아파트 베란다 14층 창밖에서
채송화 꽃 피워내고 있다
찬서리에 앙다물었던 꽃잎들이 아침이면
허공에 수직을 붙들고
피워 내는 저 힘
놀라워라, 가만히 보니
봄부터 채송화 곁을
오르락 내리락 거리며 날더니
꽃 속에 침을 박고
당당히 나오는 줄무늬감탕벌 한 마리

부르르 떨었을 저 작은 날개 짓 속으로
시들어가는 꽃잎이 뜨거워지고 있다

까만 자루 속에
턱을 괴고 앉아 있는 씨앗들
익은 꼬투리를 툭, 터트린다

화르르 쏟아지는 사랑의 밀알들
14층 높이만큼의 사랑이 지고 있다

탁경자 | 2017년『애지』로 등단 | 이메일 tak5708@hanmail.net

매미의 종족 외 2편

현상연

울음은 계절이 바뀌어도 이어졌다
뿌리를 내릴 연결고리가 없음에
남자의 탐색은 계속되고
세 번째 세컨드가 된 여자,
땅 속에서 숨어 지내야 하는 유충으로
칠년을 지냈다

한 여름, 가로수 나무는 매미들의 집단 출몰 지역이다
하지 무렵에 허물을 벗고 나무 위로 올라선 여자,
껍질 속 빈 자신을 단단히 붙들고 매달려 있지만
세상은 그녀에게 날개를 허락하질 않는다
포식자들이 뜸한 밤이면 가로등 불 밑에서
울어대는 사내를 찾아 나서야 하고
천적을 만나도 소리 내어 울지 못하는 암 매미였다
성충이 되어서도 어둠은 길어졌고
굴곡진 시간이 지나 서둘러
잔가지에 알을 슬기 시작했다
알은 찌들거나 썩고
그 중 두 개는 까치에게 빼앗겼지만
불안함을 잠시 구름 속에 묻어뒀다

어느 순간,

까치의 생과 사가 바뀌고서야 온전히 남자를 차지한 여인,
길지 않던 여름의 끝자락이 바스락거릴 때쯤
여자의 장송곡이 들렸다

그녀는 매미의 종족이었다

가마우지 달빛을 낚다

계림 이강,
뱃머리에 가마우지 몇 마리
허기진 식욕 움켜쥔 채
사공의 신호로 강물에 뛰어든다

잡힌 물고기
가마우지 목에 걸린다

甲이 비정규직이란 올가미로 乙의 목 조인다
삼켜지지 않는 물고기가 파닥거리고
밤새 자맥질 대가를 지불받지 못한 가마우지
굶주린 눈빛에 날짐승의 본능으로 거칠게 빛나지만
또 다시 乙이 되어
값없는 달빛만 낚는다

간판

건물 외벽에 설치된 스크린,

퇴근길에 손끝으로 리모콘 터치,
전기밥솥 스위치와 실내 온도를 높이는
화면이 순식간에 나타났다 사라져요

고객의 눈썹은 60초 이내에 추켜세워야 해요*
디자인에 비틀기 공법을 사용해 마음을 사로잡지요

화려한 간판을 채용하는 회사는
준비된 이미지와 자신감으로
시선을 끌어당겨요

불황을 뚫기 위한 시간외 야근은
사제私製 분노로 폭발할 수도 있습니다

혹여, 바람을 수당으로 지급한다면
길에서 잠 들거나 필라멘트가 끊어질 수도 있구요

우대 받은 간판은 현란한 조명 탓에 눈이 충혈되어도
그들은 매출을 올리기에만 급급하지요

* 샘혼의 책 『사람들은 왜 그 한 마디에 꽂히는가』에서 인용.

현상연 | 2017년 『애지』로 등단 | 한국 방송 통신대 국어 국문학과 졸업 | 이메일 hyusykr@hanmail.net

부록

반경환의 명시감상

— 강우현, 곽성숙, 김늘, 탁경자, 현상연, 전명옥의 시

반경환 명시감상

— 강우현, 곽성숙, 김늘, 탁경자, 현상연, 전명옥의 시

반경환

붉은 화산석

강우현

각질 제거 용품을 샀다
계란처럼 깎인 화산석
애초의 지상 것과는 모양이 다르다
누가 봐도 불의 자손
새로운 세상을 꿈꾸며
지각을 뚫고 나온 그의 특징은 구멍이다
아기 구멍, 엄마 구멍, 할머니 구멍까지
한집에 둥글둥글 산다
천적은 어쩔 수 없었다는 듯
물을 피해 급하게 내달리던 불의 발자국
바람이 알을 슬었다
환경이 바뀌어도 핏줄은 티가 나는 법
시간을 껴입어 단단한 체구는
아직도 물로 씻은 얼굴이 구멍투성이다

뒤꿈치를 밀다 말고
맨틀의 주소를 묻는다
천년 만년 버틴 어둠의 붉은 침묵
내 살을 만지는 손에 힘이 들어간다
— 『애지』(도서출판 지혜, 2017년)에서

이 세상의 근본물질은 물도 아니고, 공기도 아니고, 흙도 아니고, 오직 불이라고 할 수가 있다. 물도 불(에너지)이고, 공기도 불이고, 흙도 불이다. 물이 불을 이길 것 같지만, 그러나 물마저도 불(에너지)의 결정체이고, 물에 의해서 전기가 생산된다. 물질은 에너지이고, 에너지는 물질이다. 우리는 불을 숭배하는 배화교도拜火教徒이며, 이 불빛의 명암에 따라 웃고 울면서 살아간다.

강우현 시인의 「붉은 화산석」은 각질 제거용품으로 산 도구에 지나지 않지만, 그러나 그 "계란처럼 깎인 화산석"에 대한 사유는 자연과학적인 사유와 철학적인 사유의 결정체라고 할 수가 있다. 우리는 "누가 봐도 불의 자손/ 새로운 세상을 꿈꾸며/ 지각을 뚫고 나온 그의 특징은 구멍"이라고 할 때, 또는 "아기 구멍, 엄마 구멍, 할머니 구멍까지/ 한집에 둥글둥글 산다"라고 할 때, 그의 사유는 제일급의 철학자의 사유에 해당된다. 우리는 불의 자손이며 새로운 세상을 꿈꾼다고 말할 수 있는 시인도 보통 시인이 아니고, '붉은 화산석'을 바라보며 '아기 구멍, 엄마 구멍, 할머니 구멍'을 생각해내고, 우주적인 공동체로서 '한집에 둥글둥글 산다'라고 말할 수 있는 시인도 보통 시인이 아니다. 시인이자 철학자이고, 철학자이자 자연과학자이다. "물을 피해 급하게 내달리던 불의 발자국/ 바람이 알을 슬었다"는 것은 시뻘겋게 타오르던 용암에 바람 구멍이 생겼다는 것을 뜻하고, "시간을 껴입어 단단한 체구는/ 아직도 물로 씻은 얼굴이 구멍투성이다"라는 시구는 붉은 화산석의 역사성을 뜻하고, 바로 이러한 시구들을 자연과학적인 지식의 산물이라고 할 수가 있는 것이다.

강우현 시인의 「붉은 화산석」은 물, 불, 공기, 흙의 총체로서 우주이며, 그 우주에는 아기, 엄마, 할머니 등 모든 인간들이 다 살고 있다. 「붉은 화산석」은 삶의 우주이자 모든 생명체의 숨구멍이라고 할 수가 있다.

시인은 물, 불, 공기, 흙으로 '붉은 화산석', 아니, 우주를 창출해낸 천지창조주이다. 시인은 천년 만년, 종합예술가, 아니, 천지창조주로서 모든 사물들과 인간들을 구원하고, 새로운 꿈을 꾸고 살 수 있도록 도와준다.

꽃쌈

곽성숙

꽃잎이 꽃술을 감싸고 있을 때
새들이 그 걸 통째로 따먹는 모습을 나는 꽃쌈이라 부른다

참새가 그럴 줄 몰랐어
나는 네가 그리 고운 속을 가진 줄 몰랐어
오십이 넘고서야
새가 꽃을 따먹는 것을 알다니
제 작은 몸속을 꽃 천지로 채우려고
쌈 싸먹듯 앵두꽃을 톡톡 따 먹는다는 걸 알다니

새야,
꽃쌈으로 너는 배를 불리고
꽃보쌈으로 너는 아이를 낳았구나
포르르 포르르
참새 떼들이
앵두 꽃가지를 흔든다

달빛 환한 봄밤에
꽃쌈 먹는 참새야,
욕심껏 모은 꽃향을

부디,
내 방 가득 부려 주어라.

꽃이란 무엇일까? 꽃이란 사랑의 꽃이며, 존재의 결정체(생식기관)이다. 우리는 꽃에 의해서 태어났고, 우리는 꽃을 피우며, 이 꽃과 함께 이 세상을 마감하게 된다. 산다는 것은 꽃을 피운다는 것이며, 꽃을 피운다는 것은 자기 자신의 존재를 결정한다는 것이다. 나는 나이고, 나는 나로서 살다가 죽는다. 나는 나로서 살다가 죽는다는 것은 내가 나의 존재의 꽃과 사랑의 꽃을 활짝 피우고, 그 결과, 사랑하는 자손을 생산해냄으로써, 종족의 영원성에 기여를 하게 된다는 것이다.

이 세상에 꽃보다 더 향기롭고, 이 세상에 꽃보다 더 아름다운 것은 없다. 꽃은 사랑이고, 사랑은 종족의 명령이며, 이 사랑보다 더 우선하는 것은 없다. 밥을 먹는 것, 공부를 하는 것, 일을 하는 것, 웃고 우는 것, 사생결단식의 싸움을 하거나 전쟁을 하는 것—, 요컨대 이 모든 행위들마저도 '사랑의 꽃'을 피우기 위한 전주곡에 지나지 않았던 것이다.

꽃은 사랑이고, 생식기관이고, 존재의 결정체이다. 쌈의 종류로는 상추쌈, 곰취쌈, 깻잎쌈 등, 그 식재료에 따라서 매우 다양할 수도 있지만, 내가 아는 한, 곽성숙 시인의 「꽃쌈」이 최고급의 쌈의 요리에 속한다고 하지 않을 수가 없다. "꽃잎이 꽃술을 감싸고 있을 때/ 새들이 그 걸 통째로 따먹는 모습을" "꽃쌈"이라고 부르는 것이지만, 아무튼 「꽃쌈」은 최고급의 쌈의 요리에 속한다고 하지 않을 수가 없다. 참새는 꽃쌈으로 배가 부르고, 참새는 꽃보쌈으로 아이를 낳는다. 참새는 참새 새끼들과 함께 앵두꽃이 되고, 앵두꽃은 참새와 참새 새끼들을 닮은 열매를 맺는다.

새야,
꽃쌈으로 너는 배를 불리고
꽃보쌈으로 너는 아이를 낳았구나
포르르 포르르
참새 떼들이
앵두 꽃가지를 흔든다

시인도 참새가 되어 꽃보쌈을 먹고, 그 꽃보쌈을 먹은 끝에 달빛 환한 봄밤에 「꽃쌈」이라는 시를 낳는다.

갑자기 눈앞이 환해지고, "달빛 환한 봄밤에/ 꽃쌈 먹는 참새야/ 욕심껏 모은 꽃향을/ 부디/ 내 방 가득 부려 주어라"라는 시구에서처럼, 그 향기가 천리, 만리 퍼져나가게 된다.

문재인 대통령은 계엄령을 선포해서라도 부정부패를 청산해야 한다. 근친상간이 나쁘다는 것은 천하가 다 안다. 대한민국이 정치, 경제, 사회, 교육, 문화, 언론 등, 몇몇 족벌들의 나라가 되어서는 안 된다.

계엄령을 선포하라! 족벌청산을 위해서—!

La Paz

김늘

'지금 어디야?'라고 당신이 묻는다면
한 번쯤 나는 이렇게 답할래
'La Paz'

먼 바다 먼 산맥 너머에 있어
달려가는 꿈만으로도 숨이 턱에 차는 곳
그래도 꾸역꾸역 눈맞춤 하고 싶은 곳
부신 태양빛에
중절모의 여인들이 아득하게 눈을 뜨고
하늘이 가까워 욕심 없이 웃게 되는 곳
옹기종기 모여 앉은 마녀시장 구멍가게 가판에
물기 잃은 라마와 약초가 흔들흔들 경쾌한 박자를 맞추는 곳
우유니, 티티까까, 우로스
마법의 주문 같은 이름들이 있어
하늘로 오르는 나무가 자라고
바다로 통하는 별이 뜰 것 같은 곳
곰방대 닮은 봄빌라로 마테차를 마시며
세월아 네월아 하냥 시간도 잊고 싶은 곳
많은 것이 귀하지만
모자랄 것도 없는 곳

바람이 까딱까딱 빨랫줄을 흔드는 날이면
폭신한 구름 베개에 기대
청포도알을 머금듯
그렇게 말해보고 싶은 이름
'La Paz'

여행은 떠남이고, 떠남은 새로운 나를 찾아가는 과정이라고 할 수가 있다. 산도 다르고, 강도 다르고, 언어도 다르다. 역사도 다르고, 전통도 다르고, 그 고장의 문물과 풍습도 다르다. 이 다름은 차이이고, 이 차이는 서로간의 개성과 자유를 존중하고 이해해주는 계기가 된다. 여행은 문화적 충격이며, 이 문화적 충격을 통해서 '나'는 새로운 '나'로 거듭거듭 태어나게 된다.

시계도 버리고, 스마트 폰도 버린다. 부모형제도 버리고, 친구도 버린다. 회사도 버리고, 가정도 버린다. 욕망도 버리고, 미식취향도 버린다.

시간이 멈춰서고 공간이 확대된다. 일상생활에 찌들어 버린 내가 죽고 새로운 내가 태어난다. 볼리비아의 수도이자 안데스 산맥의 도시인 'La Paz'. 김늘 시인은 오늘도 라페즈로 달려가는 꿈만으로도 행복하고, 또, 행복하다. 우유니, 티티까까, 우로스 같은 마법의 주문같은 이름들과 "중절모의 여인들이 아득하게 눈을 뜨고/ 하늘이 가까워 욕심 없이 웃게 되는 곳/ 옹기종기 모여 앉은 마녀시장 구멍가게 가판에/ 물기 잃은 라마와 약초가 흔들흔들 경쾌한 박자를 맞추" 듯이, 그 박자 속에서 그들과 함께 살아간다. 하늘로 오르는 나무가 자라고, 바다로 통하는 별들이 뜬다.

곰방대 닮은 봄빌라로 마테차를 마시고, 세월아 네월아 시간도 잊고 지낸다. 모든 것이 귀하지만, 모자랄 것도 없고, "바람이 까딱까딱 빨랫줄을 흔드는 날이면/ 푹신한 구름 베개에 기대/ 청포도알을 머금듯" 살아간다.

최상의 보금자리는 나의 몸과 영혼에 알맞은 기후와 풍토와, 그리고 서로간의 사랑이 싹트는 인간들이 살고 있는 곳이라고 할 수가 있다.

라페즈, 라페즈, 나의 고향– 나의 천국,

라페즈, 라페즈, 순수하고 티없이 맑은 우리들의 고향– 우리들의 천국—.

김늘 시인의 「La Paz」는 여행시의 진수이며, 그의 이상적인 천국이라고 할 수가 있다.

시인은, 사상가는 떠나고, 또, 떠나는 여행자이다. 나의 고향– 나의 천국, 또는 우리들의 고향– 우리들의 천국을 찾아서 떠나가는 이 '여행자의 숙명론'은 우리 인간들이 '되어감의 존재'에 지나지 않기 때문이다. '되어감의 존재'는 불완전한 존재와는 다른데, 왜냐하면 '되어감의 존재'는 수없이 새롭게 태어날 수 있는 존재이기 때문이다.

시는, 사상은 낙천주의를 양식화시킨 것이다. 모든 것이 가능한 여행자의 삶이 가장 행복한 삶이라고 할 수가 있다.

오오, 즐겁고 기쁘고, 아름답고 행복한 여행자의 삶이여!!

못

탁경자

달빛이 물 표면을 밤새 훑는다
윤슬에 찔린 연못이
신음을 내며 앓는 달밤
가끔씩 달빛으로 찾아와
연못에 못질을 하고
족적도 없이 사라지는 찰나만
밤바람에게 들통난다
고통의 덩어리가 모이면
연못은 만들어 진다
제 상처를 조용히 닦으며
물의 안쪽으로 서서히 파고든다
망치가 와 닿을 때마다
물무늬의 유전자처럼
파문을 치며 울고 싶은 못
나무의 나이테를 닮은
못의 몸부림들
못의 울음이 밤새도록
물 표면에 떠 있다.

못과 연못은 발음상 유사성은 있지만, 상호 이질적이며, 그 의미가 조금도 연결되지 않는다. 못은 두 개의 사물을 붙이거나 무엇을 걸기 위한 건축학적 도구이고, 연못은 땅을 파거나 둑을 쌓아서 물을 가두어 놓은 곳을 말한다. 하지만, 그러나 탁경자 시인의 대단히 아름답고 뛰어난 시인 「못」은 연못을 구성하는 물질로 되어 있는 데, 왜냐하면 달빛에 비친 물결들이 마치 못의 모습들처럼 보이고 있기 때문이다. 따라서 못은 단순명사가 되고, 연못은 집합명사가 된다. 못은 고통이 되고, 연못은 고통의 덩어리들이 된다. "가슴에 못을 박다", "다시는 그러한 일을 하지 못하도록 못을 박았다"라는 말이 있듯이, 못은 상처를 입히거나 그 어떤 구속을 의미하는 용어로 쓰일 때도 있다.

탁경자 시인의 「못」은 따라서 아주 다양하고 복합적인 의미로도 읽힌다. 첫 번째는 상처를 입히는 못이고, 두 번째는 자유를 구속하는 못이다. 세 번째는 못이 못으로서 양심의 가책 때문에 괴로워하는 못이고, 마지막으로 네 번째는 못들의 집합소(고통의 집합소)로서의 연못이다. 연못에 못질을 하는 것은 달빛이고, 찰나이다. 아니, "가끔씩 달빛으로 찾아와/ 연못에 못질을 하고/ 족적도 없이 사라지는 찰나만/ 밤바람에게 들통난다"라는 시구를 보면, '찰나'가 달빛으로 찾아와 연못에 못질을 한다. 찰나는 달빛으로 망치질을 하고, 달빛에 반짝이는 잔물결인 윤슬은 못이 된다. 찰나는 매우 짧은 순간을 지시하는 불교용어이지만, 이 짧은 순간에 연못은 고통의 덩어리가 된다. 고통의 덩어리가 모이면 연못은 만들어지고, 연못은 "제 상처를 조용히 닦으며/ 물의 안쪽으로 서서히 파고든다."

못은 가해자이면서도 피해자이고, 못은 고통이자 양심의 가책이다. "망치가 와 닿을 때마다/ 물무늬의 유전자처럼/

파문을 치며 울고 싶은 못"—. 못이 울고, 못이 그 울음으로 나이테를 그리며 자란다. 못이 모여 연못을 이루고, 모든 고통의 총체로서 연못이 밤새도록 운다.

너무나도 잔인하고 끔찍한 흉기로서의 못, 그러나 '찰나'로 지칭되는 타인의 힘에 의하여 흉기가 되고, 그 양심의 가책 때문에 밤새도록 울음을 우는 연못이 되는 못—.

못의 역사 철학적인 의미를 천착하고, 상호 이질적인 못과 연못을 너무나도 절묘하게 연결시킨 탁경자 시인의 「못」은 너무나도 신선하고, 너무나도 충격적인 아름다움으로 만인들의 심금을 울리고 있다고 하지 않을 수가 없다.

앎만이 위대하고, 앎만이 또, 위대하다. 앎이 상상력을 낳고, 상상력이 새로운 세계를 창출해낸다.

시인에게는 수천 만 촉광의 별보다도 더 밝은 최고급의 인식(앎)의 횃불이 있다.

시인으로 인하여 아침이 밝아오고, 모든 '연못'의 사물들이 기지개를 켠다.

가마우지 달빛을 낚다

현상연

계림 이강,
뱃머리에 가마우지 몇 마리
허기진 식욕을 움켜쥔 채
사공의 신호로 강물에 뛰어 든다

잡힌 물고기
가마우지 목에 걸린다

甲이 비정규직이란 올가미로 乙의 목을 조인다
삼켜지지 않는 물고기가 목에서 파닥거리고
밤새 자맥질 한 대가를 지불받지 못한 가마우지,
굶주린 눈빛은 날짐승의 본능으로 거칠게 빛나지만
또 다시 乙이 되어
값없는 달빛만 낚는다.

가마우지 낚시법은 가마우지가 도망가지 못하도록 발을 줄에 묶어두고, 가마우지가 물고기를 잡더라도 뱃속으로 삼키지 못하도록 목에 적당한 끈을 묶어두는 낚시법을 말한다. 즉, 배가 고픈 가마우지가 물고기를 잡으면 그것을 도로 토해내게 하는 낚시법인데, 아직도 중국 계림지역에서는 이 낚시법을 사용하고 있다고 한다. 어부는 주인이 되고, 가마우지는 노예가 된다. 가마우지는 주인의 명령에 따라 죽자사자 일만을 하고, 그 대가로 겨우 목구멍에 풀칠만을 하다가 죽게 되곤 한다. 자유도 없고, 평등도 없고, 사랑도 없다. 소유의 기쁨도 없고, 행복도 없고, 죽을 권리조차도 없다. 가마우지의 삶은 살아 있어도 살아 있는 것이 아니고, 차라리 죽는 것이 더 나은 노예의 삶이라고 할 수가 있는 것이다.

갑은 주인이고, 을은 노예이다. 명품을 만들고, 또 명품을 만들어도 을은 명품 하나 사용해 보지도 못하고, 더,더군다나 그 노동의 대가마저도 제대로 받지 못하고 죽어가게 되고 만다. "잡힌 물고기/ 가마우지 목에" 걸리고, 잡힌 물고기 갑의 배만을 불린다. "밤새 자맥질 한 대가를 지불받지 못한 가마우지/ 굶주린 눈빛은 날짐승의 본능으로 거칠게 빛나지만/ 또 다시 乙이 되어/ 값없는 달빛만 낚는다." 태초에 특권이 있었고, 태초에 차별이 있었다.

미국은 갑이고, 한국은 을이다. 한반도에 미군이 주둔한지 어느덧 72년이 되었고, 주한미군사령관은 UN사령관이자 한미연합사령관으로서 사실상 대한민국의 군사작전권을 다 움켜쥐고 있다고 할 수가 있다. 이 갑을의 관계는 한미 방위사업에도 그대로 적용되는데, 따지고 보면, 이처럼 일방적이고도 구매의사결정권을 다 빼앗긴 사업도 없을 것이다. 고객은 갑이고, 상점 주인은 을이다. 하지만, 그러나 한국이 미국산 무기를 가장 많이 사는 국가 중의 하나인데도 구매의사결정권을 다 빼앗긴 을의 신세에 지나지 않는다. 유럽산이나 러시아산, 또는 중국산 무기는 아예 살 수도 없고, 오직 미국산 무기만을 사지 않으면 안 된다. 최첨단 무기는 아예 팔지도 않으며, 기술 이전은 커녕, 미국산 무기의 정비조차도 할 수가 없다. 일년에 몇 번씩, 걸핏하면 북한을 불량국가로 몰아붙이고 한반도를 전쟁의 분위기로 몰아가면서 미국산 무기수입을 강요한다.

제 아무리 최첨단 무기일지라도 그것이 팔리지 않는다면 고철더미에 지나지 않는다. 이것을 너무나도 잘 알고 있는 록히드 마틴사는 미국의 대통령과 부통령, 또는 국방장관과 국무장관까지도 그들의 영업사원으로 거느리며 전세계의 분쟁지역을 다 연출해내고, 그 각본대로 그들의 무기를 팔아먹는다. 가령, 예컨대, 어떤 을의 국가에 60조원대의 무기를 팔아 먹으려면 6조원대의 로비자금을 책정하고, 그 을의 국가의 대통령과 장관들과 국회의원들을 모조리 매수해버린다. 뇌물을 좋아하고 뇌물로 출세하는 을의 관계자들은 이 뇌물이라는 미끼를 덥석 물고, 바로 그때부터 자국의 이익보다는 록히드 마틴사와 미국의 이익을 위하여 봉사를 하게 된다.

뇌물은 이강의 어부가 던져주는 최소한의 먹이이며, 을의 관계자들은 이 먹이에 현혹되어 을의 국가의 모든 이익을 다 가져다가 바친다. 주한미군 주둔비를 올려달라고 하면 주한미군 주둔비를 올려주고, 더 많은 무기를 사라고 하면 더 많은 무기를 사주고, 최첨단 무기를 개발하지 말라고 하면 최첨단 무기를 개발하지 않는다. 스스로, 자발적으로, 세계적인 깡패에게 그 모든 주권을 다 가져다가 바치고, 영원한 노예의 신세마저도 하나님의 은총처럼 감사하게 생각한다.

어떤 비행飛行

전명옥

붉은 부리가 날아간다
붉은 부리를 가진 새가 날아간다
붉은 부리를 가진 새의 기억이 날아간다
치열했던 어제와 안개 덮인 내일이 날아간다
붉은 부리를 가진 새를 품은 새장이, 새장 밖의 세상이 날아간다
유리병 속 신기루를 찍고 또 찍다 피멍든 붉은 부리

입술을 붉게 물들인 내가 날아간다
붉은 입술을 가진 이데올로기가 날아간다
절명한 절망 절망한 절명 절망 밖의 절망
날개 없는 내가 날아간다
길. 이. 보. 인. 다.

안중근에게서도 날개를 보았고, 이순신에게서도 날개를 보았다. 유관순에게서도 날개를 보았고, 잔 다르크에게서도 날개를 보았다. 보들레르에게서도 날개를 보았고, 윤동주에게서도 날개를 보았다. 반고호에게서도 날개를 보았고, 이중섭에게서도 날개를 보았다.

그들은 모두가 다같이 유리병 속에서 유리병의 신기루를 찍고, 또, 찍다가 붉은 부리를 지니게 되었다. 피 멍든 붉은

부리—. 이 피 멍든 붉은 부리가 그들의 날개를 돋아나게 하고, 드디어, 마침내 그 유리병을 뚫고 푸르고 푸른 하늘로 날아오르게 한 것이다.

붉은 부리는 용기이고, 무적의 전사이며, 붉은 부리는 "치열했던 어제와 안개 덮인 내일"로 날아가는 불사조이다.

붉은 부리가 날아간다. 붉은 부리를 지닌 새들이 날아간다. 절명한 절망, 절망한 절명, 절망 밖의 절망들이 날아가고, 날개 없는 내가 날아간다.

"길. 이. 보. 인. 다."

절망은 삶의 정점이며, 삶의 축복이다. 절망은 산소와도 같고, 이 세상의 숨구멍과도 같다. 우리는 절망으로 숨쉬고, 절망으로 밥을 먹으며, 절망으로 날개를 돋아나게 한다. 절망은 용기를 사랑하고, 무적의 전사를 사랑하고, 불사조를 사랑한다.

만일, 이 세상에 절망이 없었다면 우리가 과연 어떻게 붉은 부리로 절망을 쪼아대고 이 불사조의 날개를 얻을 수가 있었단 말인가?

붉은 부리도 날아오르고, 치열했던 어제도 날아오르고, 절망 밖의 절망도 날아오르고, 전명옥 시인이 사랑하는 점층법도 날아오른다.

전명옥 시인의 「어떤 비행飛行」은 상승주의 미학의 진수이며, 이 세상의 모든 사람들에게 영원한 날개를 달아주는 시라고 하지 않을 수가 없다.

나는 지금 이 순간 '사상의 계엄령'을 선포하고자 한다.

끊임없이 움직이지 않으면 모든 원정대원들이 얼어죽듯이, 우리 한국인들은 책을 읽고, 또 읽지 않으면 사상적으로 굶어죽게 되어 있다. 지금부터 세계적인 고전을 읽지 않는 자는 재판절차없이 총살하고자 한다.

애지'는 '지혜사랑'이며, 애지문학회 회원들은 이 '지혜사랑의 이름'으로 우리 한국인들을 '사상가와 예술가의 민족'으로 이끌어 나갈 고귀하고 웅대한 꿈을 간직하고 있다. 『나비, 봄을 짜다』, 『날개가 필요하다』, 『아, 공중사리탑』, 『버거 씨의 금연캠페인』, 『떠도는 구두』, 『능소화에 부치다』, 『엇박자의 키스』, 『고고학적인 악수』, 『혁명은 민주주의를 목표로 하는가』, 『유리족의 하루』, 『버려진다는 것』에 이어서 애지문학회의 열두 번째 사화집인 『어떤 비행飛行』은 절차탁마의 소산이며, 대한민국 사화집의 수준을 한 차원 높게 끌어올린 시집으로 기록될 것이다. '애지문학회'는 가장 아름답고 멋진 문학회가 될 것이며, 해마다 봄날이면, 또다른 멋진 사화집을 들고 독자 여러분들을 찾아 나서게 될 것이다. 우리 한국어의 영광과 우리 한국인들의 영광을 위하여!

애지문학회편

어떤 비행飛行

발　　행　2018년 4월 10일
지 은 이　전명옥 외
펴 낸 이　반송림
편집디자인　김지호
펴 낸 곳　도서출판 지혜
　　　　　계간시전문지 애지
기획위원　반경환 이형권 황정산
주　　소　34624 대전광역시 동구 선화로 203-1, 2층 도서출판 지혜 (삼성동)
전　　화　042-625-1140
팩　　스　042-627-1140
전자우편　ejisarang@hanmail.net
애지카페　cafe.daum.net/ejiliterature

ISBN : 979-11-5728-272-2 03810
값 9,000원

대전광역시 DAEJEON METROPOLITAN CITY　대전문화재단

* 후원 : 대전광역시, (재)대전문화재단
* 이 사업은 대전광역시, (재)대전문화재단에서 사업비 일부를 지원 받았습니다.